जिगरी

उपन्यास

जिगरी

पी. अशोक कुमार

अनुवाद

जे.एल. रेड्डी

राजकमल प्रकाशन

ISBN : 978-81-267-2846-6

मूल्य : ₹ 300

पहला संस्करण : 2015

प्रकाशक : राजकमल प्रकाशन प्रा. लि.
1-बी, नेताजी सुभाष मार्ग, दरियागंज
नई दिल्ली-110 002

शाखाएँ : अशोक राजपथ, साइंस कॉलेज के सामने, पटना-800 006
पहली मंजिल, दरबारी बिल्डिंग, महात्मा गांधी मार्ग, इलाहाबाद-211 001
36 ए, शेक्सपियर सरणी, कोलकाता-700 017

वेबसाइट : www.rajkamalprakashan.com
ई-मेल : info@rajkamalprakashan.com

मुद्रक : बी.के. ऑफसेट
नवीन शाहदरा, दिल्ली-110 032

JIGARI
Novel by P. Ashok Kumar
Translated by J.L. Reddy

अब जिगर थाम के बैठो

'जिगरी' के अनुवादक श्री जे.एल. रेड्डी का मन रखने के लिए फिलहाल सिर्फ़ दो शब्द। विस्तृत समीक्षा फिर कभी। समय मिलने पर।

बहरहाल। कथानक बहुत छोटा है। कथा के केन्द्र में एक भालू है जिसे उसका मालिक सादुल कहता है। सादुल यानी शार्दूल। मालिक है इमाम। बीवी बीबम्मा और बेटा चाँद। सादुल और चाँद दोनों हमउम्र हैं। कहानी वहाँ से शुरू होती है जब सादुल और चाँद दोनों बीस साल के हैं। फ़र्क़ सिर्फ़ यह है कि चाँद जवान है और सादुल बूढ़ा यानी किसी काम का नहीं। सवाल यह है कि उससे कैसे छुटकारा पाया जाए। इसी बीच यह सरकारी फ़रमान जारी होता है कि भालू पालना जुर्म है। इसी के साथ यह भी ऐलान होता है कि वन्य पशु पालना छोड़ने पर बेसहारा होनेवाले लोगों को सरकार आजीविका के लिए कुछ ज़मीन देगी।

ज़ाहिर है कि इस स्थिति में सादुल नाम के भालू को घर में रखना ख़तरनाक है। इसलिए इमाम की बीवी और बेटा दोनों इमाम पर दबाव डालते हैं कि सादुल को किसी तरह जंगल में छोड़ दिया जाए। बीवी और बेटे के दबाव में इमाम उसे छोड़ने की कोशिश भी करता है,

लेकिन कामयाब नहीं होता। दूसरी बार माँ-बेटा विद्रोह कर देते हैं और तय होता है कि सादुल को कोई विषैली चीज़ खिलाकर जंगल में छोड़ आया जाए।

अन्ततः इमाम इसी इरादे से सादुल को लेकर जंगल में जाता है, लेकिन दोनों में से कोई वापस नहीं लौटता और कहानी ख़त्म हो जाती है।

साफ़ है कि कहानी का कथानक बहुत छोटा है, लेकिन यह कहानी कही जिस ढंग से गई है वह कला ही उसे अद्वितीय और अविस्मरणीय कथाकृति का दर्जा दिलाती है।

कथानक की संरचना को देखें तो इस कथाकृति की संरचना का आदि और अन्त कुंडलाकार है।

आरम्भ :

दिन निकल गया।

दिन डूब गया।

दिन गया। रात भी गई।

इमाम नहीं आया। सादुल का भी कहीं पता नहीं चला।

अन्त :

बात आधे घंटे की थी। लेकिन एक घंटा बीत गया।

दो घंटे बीत गए। सबेरा भी बीत गया। फिर दिन भी ढल गया।

लेकिन इमाम लौटकर नहीं आया।

कहने को तो 'जिगरी' अनुवाद है, लेकिन हमें तो वह एकदम मौलिक कथाकृति की तरह लगती है। तेलुगु मूल में कैसी होगी, मैं नहीं कह सकता, लेकिन हिन्दी अनुवाद के लिए श्री जे.एल. रेड्डी को दाद दिए बिना नहीं रहा जाता। पढ़ते समय मूल हिन्दी का स्वाद मिलता है। इसके लिए बधाई।

18/3/2013

—नामवर सिंह

निवेदन

दस बरस पहले की बात है। उन दिनों मैं एल्ला रेड्डीपेट के एक गाँव में अध्यापक था। हमारी पाठशाला का मैदान बहुत बड़ा था। गाँव में संचार जाति के लोग जो भी आते, उस मैदान के पेड़ों के नीचे ही ठहरते। भालू-बन्दर नचानेवाले मदारी, साँपों को नचानेवाले सँपेरे, ऐसे बहुत लोग मेरी कहानियों का कच्चा माल बनते। सवेरे या शाम इन लोगों से मिलकर मैं बात करता।

इसी क्रम में एक दिन भालू को साथ में लिये एक परिवार आया। लेकिन वह दो दिन भी नहीं ठहरा। मैं उनसे मिलकर बात करना चाह ही रहा था कि वे लोग चले गए। मुझे हैरानी हुई। कोई भी आता, तो कम से कम दो हफ़्ते तक तो ठहरता ही था। पूछताछ करने पर पता चला कि बाप-बेटे में झगड़ा हो गया था और उसके बाद वे लोग चले गए थे। वे शायद लौट आएँ। इस उम्मीद से मैं इन्तज़ार करता रहा। लेकिन वे लोग नहीं आए। कहाँ गए, यह तक पता नहीं चला।

कुछ समय में मैं उनको लगभग भूल ही गया। एक दिन स्कूल से लौट रहा था कि अचानक वही आदमी भालू के साथ दिखाई पड़ा। उसे पहचानकर मैं रुका और बात करने लगा। भालू को लेकर कई बातें

पूछीं। वह अचानक मेरे पैरों पर गिर पड़ा और गिड़गिड़ाकर कहने लगा, ''गलती हो गई सर, आज ही थाने आकर मैं आप से मिलने की सोच रहा था।'' उसके व्यवहार से लगा कि वह मुझे सादे कपड़ों में घूम रहा पुलिस का सिपाही समझ रहा है।

उसे यह विश्वास दिलाकर मैं घर लौटा कि मैं कोई पुलिस का सिपाही नहीं हूँ। लेकिन मैं यह बिल्कुल समझ नहीं पाया कि पुलिस से वह इतना क्यों डरता है और पुलिस कर्मचारियों से उसका मिलना इतना ज़रूरी क्यों है? तभी मन में उत्सुकता जगी कि इस परिवार को लेकर कहानी लिखूँ। फिर मैंने यह पता लगाने की कोशिश की कि वह परिवार कहाँ रहता है। फिर यह पता चलने के बाद कि वह परिवार हमारे गाँव से तीस किलोमीटर दूर अम्बरपेट नाम की बस्ती में रहता है, अपने एक मित्र के साथ मैं वहाँ गया।

पता चला कि अम्बरपेट में पहले भालू नचानेवाले परिवार अनेक थे, पर अब केवल एक परिवार रह गया है। उस परिवार के बारे में भी बस्ती के लोगों को ज़्यादा कुछ मालूम नहीं था। कोई कहता कि भालू है, तो कोई कहता कि भालू नहीं है। किसी ने तो यह तक कहा कि वह परिवार ही वहाँ नहीं है। जो हो, ढूँढ़ते-ढूँढ़ते हम दोनों ने उनकी झोंपड़ी का पता लगा ही लिया।

तेलुगुभाषी प्रान्त में भालू नचानेवाले प्रायः निचले तबके के मुसलमान ही होते हैं।

झोंपड़ी में बाप नहीं था। माँ भी नहीं थी। अकेला बेटा ही था। हमें देखकर वह घबरा गया। हमने कहा कि हम पुलिसवाले नहीं हैं और उसे यक़ीन दिलाने के लिए गाँव के अपने कुछ परिचितों के नाम भी बता दिए। बहुत देर तक उसे हम पर विश्वास नहीं हुआ। विश्वास हो जाने के बाद उसने 'वन्य प्राणी संरक्षण क़ानून' के बारे में बताया। भालू के बारे में पूछा, तो बताया कि वह मर गया है और जिस दिन वह मर गया था, उस दिन घर-भर के लोग खूब रोए थे और किसी के मुँह में एक

दाना भी नहीं गया था। यह सुनकर मेरी जिज्ञासा बढ़ी। बाद में भी मैं भालू और उस परिवार की खोज करता रहा। अचानक एक दिन लिंगन्नापेट में वह परिवार दिखाई पड़ा। उनके पीछे भालू भी था। फिर क्या था, एक हफ़्ते तक मैं भालू के पीछे-पीछे घूमता रहा। भालू की आदतों, उसके स्वभाव आदि का अध्ययन करता रहा। पहले कहानी लिखने की सोची। लेकिन सामग्री उपन्यास के लायक़ मिली।

उसके बाद भालू नचाकर जीवन यापन करनेवाले परिवारों को लेकर मैंने कुछ अध्ययन किया। भालू के साथ उन लोगों का आत्मीय सम्बन्ध, उनका प्रेमपूर्ण सहजीवन, पूरी तरह पालतू बनकर मनुष्यों के साथ हिले-मिले उस जन्तु की स्थिति, 'वन्य प्राणी संरक्षण क़ानून' को अमल में लाया जाना, पुलिस कर्मियों की ज़ोर-ज़बर्दस्ती, इन सबको लेकर उपन्यास लिखने की जो इच्छा मन में जगी, उसी का परिणाम है— जिगरी।

एक ही हफ़्ते में उपन्यास पूरा हो गया। तुरन्त मैंने एक पत्रिका में उसे भेजा। एक ही महीने में वह लौट आया। तभी अमेरिकन तेलुगु एसोसिएशन (ATA) ने उपन्यास लेखन प्रतियोगिता की घोषणा की। प्रतियोगिता में भेजकर मैं उसे भूल ही गया। एक दिन अकस्मात् अख़बार में देखा कि उस संस्था ने इस उपन्यास को अपने पुरस्कार के लिए चुना है। पुरस्कृत रचना के रूप में उस एसोसिएशन ने अपनी स्मारिका में इसे छापा भी। पढ़कर वरिष्ठ अनुवादक डॉ. जे.एल. रेड्डी ने मुझसे फ़ोन पर बात करके इसका हिन्दी में अनुवाद करने की इच्छा व्यक्त की। तब तक रेड्डी जी से मेरा कोई परिचय नहीं था। उनकी इस इच्छा को जानकर मेरा प्रसन्न होना स्वाभाविक ही था।

एक दिन अचानक 'समकालीन भारतीय साहित्य' का अंक डाक से मिलने पर ही मुझे पता चला कि इसका अनुवाद हो गया है और छप भी गया है। देखकर मुझे बहुत हर्ष हुआ। यह पत्रिका चूँकि देश-भर में पहुँचती है, अनेक भाषाभाषी पाठकों-साहित्यकारों की दृष्टि में यह रचना आई।

थोड़े ही समय में 'पंजाब कहानी' के सम्पादक रामस्वरूप अणखी जी ने इसका पंजाबी में अनुवाद करके अपनी पत्रिका में छापा। ओड़िया में नंदिता मोहंती, बांग्ला में नानिसुर जी, मराठी में साइनाथ पचारे जी, कन्नड़ में कलुमंगि कृष्णमूर्ति जी, मैथिली में प्रेमचन्द पंकज जी ने अपनी-अपनी भाषा में इसका अनुवाद प्रकाशित किया। मैं इन सबका आभारी हूँ।

रेड्डी जी ने हिन्दी में अनुवाद न किया होता, तो यह रचना इतनी शीघ्रता से इतनी भाषाओं के पाठक-समुदायों तक नहीं पहुँच सकती थी। इसके लिए मैं रेड्डी जी के प्रति हृदय से आभार प्रकट करता हूँ।

विशिष्ट अंग्रेजी अनुवादिका प्रो. जयलक्ष्मी ने Friends for Ever नाम से इसका अनुवाद प्रकाशित किया है। उनके प्रति भी मैं अपना आभार व्यक्त करता हूँ। इस प्रकार 'जिगरी' के आठ भाषाओं में अनुवाद प्रकाशित होने के बाद तेलुगु में यह पुस्तकाकार 2011 में प्रकाशित हुआ। 2012 में यह तेलुगु विश्वविद्यालय के 'श्रेष्ठ रचना पुरस्कार' के लिए चुना गया। 2015 में अप्पाजोस्युल विष्णुभोट्ला फ़ाउंडेशन के 'विशिष्ट उपन्यास पुरस्कार' के लिए भी यह चुना गया।

इस उपन्यास ने यह साबित किया है कि भाषा कोई हो, प्रांत कोई हो, समाज के निचले तबके के लोगों की ज़िन्दगी और उनकी व्यथा-वेदनाएँ एक जैसी ही होती हैं। तेलंगाना के एक सुदूर कोने में भालू नचाते घूमनेवाले एक परिवार का जीवन देश के चारों कोनों के सहृदयों के मन में अनुकूल स्पन्दन पैदा कर सका है, तो इसका मतलब यही है। इससे भी अधिक महत्त्वपूर्ण है मनुष्य और जन्तु के बीच का निकट सम्बन्ध जिसे संसार में सभी जानते-मानते हैं। भालू, जो जंगली जन्तु है, अपनी जाति के लक्षणों को भूलकर मनुष्यों के साथ हिल-मिलकर साधु हो गया है। लेकिन साधुत्व के साथ जिसे जीना चाहिए वह मनुष्य हिंसक हो गया है। मनुष्य के लक्षणों से युक्त जन्तु और जन्तु के लक्षणों से युक्त मनुष्य के बीच का संघर्ष ही यह लघु उपन्यास है।

पाठशाला ही मेरी प्रयोगशाला है। मैं गणित का अध्यापक हूँ। बच्चों को गणित पढ़ाना और कहानियाँ लिखना मुझे बहुत अच्छा लगता है। छोटे-से गाँव में अपने शान्त कमरे में बैठकर मैंने तेलुगु में यह जो लघु रचना की, वह 'समकालीन भारतीय साहित्य' में छपकर देश के अनेक अंचलों के पाठकों के हृदय में स्थान बना सकी है और तेलुगु और हिन्दी में पुस्तकाकार छपने से पहले ही इतनी भाषाओं में इसके स्वतःस्फूर्त अनुवाद पुस्तकाकार प्रकाशित हुए हैं तो इसका कारण हिन्दी की शक्ति और व्याप्ति ही है, जो विश्व के सबसे बड़े लोकतंत्र की राजभाषा है। ऐसी हिन्दी की महिमा और शक्ति को मैं नमन करता हूँ।

राजकमल जैसे प्रतिष्ठित प्रकाशन संस्थान द्वारा पुस्तकाकार प्रकाशित होकर अब यह कृति और अधिक पाठकों तक पहुँचेगी, इसमें मुझे सन्देह नहीं है। अन्त में इतना ही कहना चाहता हूँ कि 'जिगरी' को लेकर हुए इस पूरे सुखद घटनाक्रम को मैं अपना सौभाग्य मानता हूँ।

—पी. अशोक कुमार

अनुवादक की ओर से

पी. अशोक कुमार तेलुगु के एक ऐसे महत्त्वपूर्ण कथाकार हैं जिन्होंने अपने इलाक़े के जनजीवन को लेकर पीड़ा और आवेग के साथ विस्तृत तथा विशिष्ट लेखन किया है। तेलंगाना प्रान्त में करीम नगर ज़िले के एक छोटे-से गाँव में एक अत्यन्त साधारण किसान परिवार में 1966 में पी. अशोक कुमार का जन्म हुआ था। इन्होंने आरम्भिक शिक्षा स्थानीय विद्यालयों में ही पाई। उसके बाद काकतीय विश्वविद्यालय से गणितशास्त्र में एम.एससी. की डिग्री पाई और तब से अपने जन्म-स्थान के निकट रामाजी पेट नामक बस्ती के एक स्कूल में गणित के अध्यापक के रूप में काम कर रहे हैं।

अब तक इनके दो उपन्यास और छह कहानी संकलन प्रकाशित हैं। इनकी कुल प्रकाशित कहानियाँ लगभग 130 हैं। इस इलाक़े के अभावग्रस्त लोगों के खाड़ी-प्रवास से सम्बद्ध तेलुगु का पहला उपन्यास 'रेगिस्तान की लपटें' इनकी एक बहुप्रशंसित रचना है। इसी तरह जीविकोपार्जन के लिए खाड़ी के देशों में गए हुए लोगों पर लिखी कहानियों का संकलन है—'प्रवासी जीवन'।

'जिगरी' अशोक कुमार का सर्वाधिक चर्चित लघु उपन्यास है जिसे उन्होंने एक हफ़्ते तक एक मदारी के साथ रहकर उसके पेशे और

उसके भालू के स्वभाव-व्यवहार का अध्ययन करने के बाद लिखा था। 'अमेरिकन तेलुगु एसोसिएशन' की उपन्यास लेखन प्रतियोगिता में प्रथम पुरस्कार के लिए चुने जाने के बाद इसका यह हिन्दी रूपान्तर 2008 में साहित्य अकादमी की द्वैमासिक साहित्य पत्रिका 'समकालीन भारतीय साहित्य' में प्रकाशित हुआ। उपन्यास की लोकप्रियता का यह प्रमाण है कि उस हिन्दी अनुवाद के आधार पर अब तक इसके अंग्रेजी, मराठी, पंजाबी, ओड़िया, कन्नड़, बांग्ला आदि भाषाओं के संस्करण पुस्तकाकार प्रकाशित हो चुके हैं। कुछ अन्य भाषाओं के संस्करण तैयार हो रहे हैं। यह रचना तेलुगु विश्वविद्यालय समेत कई संस्थाओं द्वारा पुरस्कृत भी हुई है।

अशोक कुमार भारतीय भाषा परिषद के 'युवा लेखक पुरस्कार', तेलुगु विश्वविद्यालय के 'धर्मनिधि पुरस्कार' तथा 'प्रतिभा पुरस्कार' समेत अनेक पुरस्कारों से सम्मानित हैं। इनकी अनेक कहानियाँ भी विभिन्न कथा-लेखन प्रतियोगिताओं में पुरस्कृत हुई हैं।

"पाठशाला ही मेरी प्रयोगशाला है। बच्चों को पढ़ाना और कहानियाँ लिखना मुझे बहुत अच्छा लगता है, मेरे सामने दिखाई देनेवाले जीवन ने ही मुझसे लिखवाया है," यह घोषित करनेवाले अशोक कुमार निश्चित रूप से तेलुगु साहित्य को समृद्ध बनाने में महत्त्वपूर्ण योगदान कर रहे हैं।

प्रस्तुत है उनके आत्मकथ्य का एक अंश :

'मैं क्यों लिख रहा हूँ', 'मैं ही क्यों लिख रहा हूँ ?' ये प्रश्न अपने से करता हूँ, तो इन प्रश्नों का उत्तर देने से पहले 'मैं लिख रहा हूँ, या मेरी परिस्थितियाँ ही मुझसे लिखवा रही हैं ?', 'वे परिस्थितियाँ क्या हैं जो मुझसे लिखवा रही हैं ?', 'इस गवेषणा में बरसों तक मुझे गाँव से चिपकाए रखनेवाला वह अटूट सम्बन्ध क्या है ?', 'मेरा गाँव मेरी कहानियों के लिए रिसते पानी के गड्ढे की तरह अनवरत स्रोत क्यों बन गया है ?', 'हमारी सूखी मानेरू नदी के तल में और कितनी व्यथाएँ दबी-छिपी पड़ी हैं' जैसे सवालों का जवाब देना होगा।

जिगरी

यह मेरी शक्ति है या दुर्बलता, मैं नहीं जानता। लेकिन जब तक मैंने कहानियाँ लिखना शुरू नहीं किया था, तब तक कहानियों के बारे में कुछ नहीं जानता था। कहानियाँ भी बहुत कम पढ़ी थीं। रचनाकारों के बारे में भी ज़्यादा जानता नहीं था। जो जानता था, वह था अपने लोगों के छिन्न-भिन्न जीवन के बारे में ही!

1996 में अपने ही गाँव के पास मुझे अध्यापकी न मिल गई होती, तो मैं कहानियाँ लिखता ही नहीं। अपने गाँव में रहता हूँ, गाँव के पास ही मेरी नौकरी है। लेकिन समय के साथ अपना ही गाँव नया-नया और अजनबी-सा लगने लगा है। यह बदलाव भयावह है। अतीत से तुलना करें, तो लोगों का जीवन दुर्भर हो गया है। जीविका की तलाश में निकले प्रवासियों की संख्या बढ़ी है...स्पष्ट दिखाई दे रहा है कि ग्रामीण प्रान्त अब भूमंडलीकरण के सर्प के फन के साये में है। एक समय में भरे कुओं और नदी-नालों से ख़ुशहाल गाँव अब गले को तर करने के लिए पानी ख़रीद रहा है। भूगर्भ जल की भी किल्लत होने लगी है। जातियों के परम्परागत पेशे नष्ट हो गए हैं। जीविकोपार्जन के लिए खाड़ी के देशों में जाने के लिए विवश लोगों को उन देशों में भेजनेवाले एजेंटों के छुटभैये अब गाँव में ही उग आए हैं...मस्कट और दुबई के नाम पर वे लोगों को बहका रहे हैं, भरमा रहे हैं। किसी ज़माने में दूध से छलकते मटके की तरह दिखते गाँव को मैंने देखा था। उन्नति की दिशा में अग्रसर विभिन्न पेशों को देखा था। अब वह दृश्य दूसरा ही हो गया है। गाँव कुम्हलाया फूल बन गया है। 1999 तक यानी नौकरी में आने के बाद दो वर्ष तक मेरे अन्दर आत्ममन्थन चलता रहा। मैं बहुत व्याकुल हुआ। रोया भी। 1999 के अन्त में पहली बार मैंने 'आशा-निराशा' नामक कहानी लिखी। उसके बाद लेखन के अलावा अध्ययन भी मेरे जीवन का एक अभिन्न अंग बन गया है। 2000 तक मेरी ऐसी हालत हो गई कि बिना कहानियाँ लिखे रहना मुश्किल हो गया। उससे पहले तेलंगाना की कहानी का मतलब होता था—आन्दोलन की कहानी। क्योंकि

वहाँ लगातार अनेक आन्दोलन हुए हैं। मैंने उस दृश्य को बदलना चाहा। अपने गाँव की कहानी अपनी भाषा में लिखने का मैंने निश्चय किया। इसके लिए आसपास के जीवन को ही मैंने अपनाया। मेरे सारे पात्र यथार्थ जीवन से ही आए हैं। मैं केवल उनके नाम बदलता रहा हूँ और जो घटनाएँ मुझे आन्दोलित करती रही हैं, उनको यथाशक्ति अक्षरबद्ध करता रहा हूँ।

'जिगरी' अपने कलेवर में एक लघु उपन्यास ही है, क्योंकि कथा, चरित्र और अपने विन्यास में एक बड़े उपन्यास का विस्तार इसमें नहीं है। फिर भी प्रभाव की दृष्टि से मैं इसे एक बड़ा उपन्यास ही मानता हूँ। हिन्दी पाठकों तक इस अनूठी रचना को पहुँचाने का जो अवसर मुझे मिला, यह मेरे लिए अत्यन्त प्रसन्नता का विषय है।

हिन्दी के मूर्धन्य आलोचक तथा परम आदरणीय आचार्य नामवर सिंह ने इस उपन्यास की भूमिका लिखकर मुझे अपना जो स्नेहाशीर्वाद दिया है, इसके लिए मैं उनका हृदय से कृतज्ञ हूँ।

हमेशा की ही तरह इस अनुवाद को भी निखारने का दायित्व मेरे घनिष्ठ मित्र श्री सुरेश द्विवेदी ने सौउत्साह निभाया है। इस अनुवाद ने जो दिप्ति दी है इसका श्रेय उन्हीं को है। मैं उनके प्रति भी अपनी हार्दिक कृतज्ञता ज्ञापित करता हूँ।

—जे.एल. रेड्डी

जिगरी

दिन निकल आया।

दिन डूब गया।

दिन गया। रात भी गई।

इमाम नहीं आया। सादुल का भी कुछ पता नहीं चला। दोनों के न आने से बीबम्मा को ख़ुशी हो रही है। चाँद ख़ुश होते हुए भी भीतर ही भीतर डर रहा है। दोनों घर के अन्दर-बाहर हो रहे हैं। आहट होते ही इमाम को ही आया समझकर गरदन घुमा देते हैं। खुरखुराहट सुनाई पड़ती है, तो सादुल को आया समझकर चौंक पड़ते हैं। पहलेवाली बात होती, तो उन दोनों को देखे बग़ैर इन दोनों को चैन नहीं पड़ता। और सादुल को देखे बिना तो एक पल कटना मुश्किल था। सादुल जो करे, वही खेल-तमाशा, जो गाए वही गाना हो जाया करता था...

सादुल के पैर में काँटा भी गड़ जाता तो इन लोगों की जान गले तक आ जाती थी।

सादुल को भूख लगती, तो इनकी आँतें कुलबुलाने लगतीं। सादुल को बुख़ार चढ़ता, तो इनके गले में कौर फँसने लगता। ये लोग कभी नहीं भी खाते, तब भी सादुल की ख़ातिर चूल्हा जलता! किसी समय कोई चाहे कुछ भी कर रहा होता, वक़्त पर सादुल को जस्ते के तसले में खाना दिया ही जाता।

इन लोगों के साथ जो इतना हिल-मिल गया था, वह असल में कोई आदमी नहीं था। एक जानवर था। पालतू बना हुआ एक जंगली जानवर। लम्बी काली थूथन, लम्बे काले बाल, नुकीले दाँत, छुरों जैसे नाख़ून।

इमाम छोटे क़द का दुबला-पतला आदमी है। सफ़ेद दाढ़ी, पतली-सी मूँछें, नुकीली नाक, तेज़ आँखें, ऊपर को तह करके कसी चौखाना लुंगी, काला कोट, काले जूते, दाईं कलाई पर ताँबे का कड़ा।

इन लोगों के नाम भी कोई नहीं जानता।

इमाम को लोग भालूवाला या फ़क़ीर मियाँ कहते हैं। सादुल को भालू या रीछ। इन दोनों को अलग-अलग कहीं किसी ने देखा हो, ऐसा आज तक नहीं हुआ। जब कभी दिखते, तो साथ ही दिखते।

इमाम के हाथ में रस्सी होती। उसका दूसरा सिरा सादुल के थूथन पर कसा होता। इमाम आगे, सादुल पीछे। दोनों दिन निकलने से पहले निकल पड़ते और अँधेरा होने के बाद लौटते। हाथ में रस्सी हो या न हो, सादुल इमाम के पीछे अपनी हिलती-डुलती मस्तानी चाल से चलता रहता। बीच-बीच में रुककर थूथन को ज़मीन पर टिकाकर 'गुर्र-गुर्र' करता वह दीमकों और चींटियों को चूसता और चुबलाता। रोज़ की आदत होने पर भी बस्ती के कुत्ते उसे देखकर भौंकते रहते। सादुल कुत्तों की परवाह नहीं करता। गम्भीर गति से अपने रास्ते चलता रहता।

सादुल को देखकर इमाम को लगता जैसे काम-काज में हाथ बँटानेवाले बेटे को देख रहा हो। वह प्यार से उसके बालों को सहलाता। गरदन को चूमता। 'अरे बेकूफ़' कहकर प्यार से डाँट देता।

कभी-कभी सादुल के साथ चाँद भी होता। नहीं तो बीबम्मा होती। चाँद जब होता, तब सादुल नटखट बालक की तरह अठखेलियाँ करता। बीबम्मा होती तो लाड़-लड़ैता बनकर मचलने लगता। सिर्फ़ इमाम के सामने ही वह सँभलकर रहता।

गाँव के आख़िरी छोर पर है उन लोगों की झोंपड़ी। वे चारों एक ही झोंपड़ी में रहते। सर्दी की रात में झोंपड़ी के अन्दर ठंडक होती। तीनों अलाव जलाकर बैठ जाते। सादुल आग की लपट से बहुत डरता। वह गुड़ी-मुड़ी होकर एक कोने में जाकर बैठता।

छेड़खानी करने के लिए चाँद कभी उसके नंगे थूथन पर गुदगुदाता तो कभी जलती तीली निकालकर उसकी तरफ़ बढ़ाता। सादुल और ज़्यादा दुबककर बैठ जाता।

इमाम, बीबम्मा और चाँद साथ बैठते, तो बातें ज़्यादातर सादुल को लेकर ही होतीं।

"अब्बा...हमारा सादुल अब बूढ़ा हो गया है न!" चाँद कहता।

इस बात का बीबम्मा ही पहले जवाब देती, "हाँ रे चाँद, मुझे, अब्बा और सादुल, तीनों को अब तुम्हें ही पालना होगा आगे।" सुनकर सादुल को ग़ुस्सा आता था या नहीं, यह तो नहीं मालूम, पर इमाम को तो तेज़ ग़ुस्सा आता—"सादुल किसी की मेहनत के आसरे नहीं जीता। जब तक जिएगा, हमीं को खिलाता रहेगा। मरने के बाद भी उसकी खाल की कितनी माँग है, पता है?" वह कहता।

इमाम को छेड़ने के लिए बीबम्मा कहती, "हाँ, और होगा क्या...दो-तीन साल और गुज़र जाएँ तो वह चल नहीं पाएगा! तब क्या हम उसे तकलीफ़ देंगे? बिठाकर ही तो खिलाएँगे न?"

इमाम और चाँद को उसकी बातें रुचतीं नहीं।

"नहीं...नहीं...वह आदमी जैसा थोड़े ही है, मुँह लपेटकर नहीं पड़ा रहेगा। मरते दम तक मेहनत करता रहेगा।" चाँद कहता।

बीबम्मा चाँद और सादुल से बहुत लाड़ लड़ाती। चाँद सादुल से ख़ुश होकर खेलता रहता।

इमाम को अक्सर पीड़ा होती! बीवी और बेटे से वह कहता, "सादुल ने हमारे लिए अपना सब कुछ क़ुर्बान कर दिया है। उसने अपनी आदतें बदलीं। जंगल को छोड़कर गाँव में आ गया। हमारे लिए

घरेलू हो गया है। बँधा रहता है, हमारे हाथों नाच नाचता फिरता है, गरम और धूलभरी सड़कों पर चलता हुआ गाँव-गाँव घूमता है, भूख-प्यास की परवाह नहीं करता। बेरहम लोगों के सामने अपने करतब दिखाता है। हम लोगों के दिल-दिमाग़ में रोशनी की है उसने।''

बीबम्मा की समझ इमाम से ज़्यादा गहरी है। उसने बेटे चाँद और भालू को अलग करके देखा ही नहीं है। सादुल के दिल-दिमाग़ को ख़ूब अच्छी तरह समझनेवाली औरत।

''घर में रोशनी ही नहीं की...इसने तो हमें एक नई ज़िन्दगी ही दी है न जी...'' कहकर वह किसी जीवन-सत्य की ही चर्चा छेड़ देती। वह जीवन-सत्य चाँद या इमाम की समझ में नहीं आता।

चाँद भी सादुल की ही उम्र का है। बीस और इक्कीस के बीच। जब उसने इस दुनिया में आँखें खोली ही थीं कि सादुल घर में आ गया था। चाँद से पहले सयाना होकर परिवार का आसरा बना हुआ था। चाँद यह बात जानता है।

''अम्मी...मेरे दो बाप...अब्बा और सादुल...'' वह कहता।

रोज़ सवेरे उठते ही इमाम मकई का दलिया भिगोता। बीबम्मा उसे पकाती। चाँद दूध ले आता। फिर मट्ठे में सने मक्की के दलिए से सादुल का पेट भरता।

जितनी देर सादुल घर में रहता, बीबम्मा कोई-न-कोई चीज़ उसके सामने डालती रहती। चाँद बाहर से कुछ-न-कुछ ले आता। जो भी चीज़ दी जाती, सादुल चाव से खाता।

एक नहीं...दो नहीं...बीस बरस का संग-साथ था उन लोगों का। लेकिन ये सब आज से पहले की बातें हैं। इस समय सादुल झोंपड़ी में नहीं है। सादुल साथ में नहीं है, इस बात का शोच बीबम्मा या चाँद के दिल में नहीं है। रात का समय है। झोंपड़ी में चूल्हे की रोशनी को छोड़कर दूसरी कोई रोशनी नहीं है। अब सादुल के न होने से झोंपड़ी में माँ-बेटा चूल्हे के पास चैन से बैठे हैं। बेटे की फ़रमाइश

पर बीबम्मा कुछ मीठा बना रही है। साथ में बैठकर चाँद चटखारे मार रहा है।

"अम्मी, अब्बा अभी तक नहीं आए?" चाँद बोल पड़ा।

"आएँगे...उसे बेचकर जो आना है...!" बीबम्मा बोली।

"...अम्मी...कम-से-कम अब तो सादुल से पीछा छूटेगा न!" चाँद ने उतावली के साथ पूछा।

"यही सोचती हूँ कि छूट ही गया है। चार दिन तो हो गए! वे लोग नहीं लेते तो कब के वापस आ जाते। इतने दिन रुके हैं, इसका मतलब तो यही है कि सौदा पट गया है।" बीबम्मा ने कहा।

"अम्मी...दो एकड़ ज़मीन हमें मिल ही जाएगी न?" चाँद ने पूछा।

"मिली ही समझो। एम.आर.ओ. (मंडल रेवेन्यू ऑफिसर) अच्छा आदमी है। लेकिन ताकीद की है कि यह भालू फिर कभी यहाँ नहीं दिखाई पड़ना चाहिए।" चूल्हे में लकड़ी को आगे सरकाते हुए बीबम्मा ने कहा।

चाँद की ख़ुशी की सीमा नहीं थी। "अम्मी, हम उस ज़मीन पर खेती करेंगे। झोंपड़ी वहीं बना लेंगे। मुर्गी भी पालेंगे।" माँ के पास सरकते हुए उसने कहा।

बीबम्मा ने बेटे के उतावलेपन को देखा। उतनी ही बेचैनी के साथ पति की राह भी वह देखती रही। उसके दिल के किसी कोने में हलका-सा खटका है—इमाम फिर से भालू को साथ लेकर तो नहीं आ जाएगा! लेकिन ज़मीन का लालच क्या उसको भी नहीं होगा? कितने दिन इस तरह गाँव-गाँव भटकते रहेंगे हम? यह सोचकर फ़ौरन उसने मन को समझा लिया।

चूल्हे पर फेनियाँ खौल रही हैं। दूध में उबलती फेनियों की बास झोंपड़ी में भर गई। एक दिन पहले ही माँ-बेटे ने झोंपड़ी की सफ़ाई कर डाली थी। भालू के रहते हुए तो झोंपड़ी गोबर के घूरे जैसी लगती थी।

फ़र्श में पड़े गड्ढों से धूल और मिट्टी निकलने लगती। बीच-बीच में वे लोग पानी का छिड़काव कर दिया करते थे, बस!

अब झोंपड़ी की शक्ल ही बदल गई थी। भालू जिस खूँटी से बँधता था, उसे दोनों ने निकाल दिया था। उसके लेटने के लिए बिछाए जानेवाले टाट को बाहर फेंक दिया था। पानी पिलाने के लिए रखा कंडाल, खाने का तसला, उसे ढकने के लिए रखा गया चमड़ा...सब उठाकर बाहर फेंक दिए गए थे।

दोनों ने यह सब इस सफ़ाई से किया था कि बीस साल से वहाँ कोई भालू बँधता रहा है, यह कहने के लिए एक निशानी तक नहीं रही।

गेरू से लीपकर फ़र्श को साफ़ भी कर दिया था।

"अम्मी...सादुल जब रहता था, तब घर इतना साफ़ नहीं रहता था न!" चाँद ने पूछा।

बीबम्मा ने हामी में सिर हिलाया। उस तब्दीली की वह अभी आदी नहीं हुई थी। पर चाँद को तो ऐसा लग रहा था जैसे किसी नई दुनिया में विहार कर रहा हो। वह बहुत ख़ुश था।

"सादुल के रहते एक भी मुर्गी बचती नहीं थी। अब हम मुर्गियाँ पालेंगे। बत्तख भी। बत्तख का सालन बहुत मजेदार होता है।" उत्साह में चाँद बोले जा रहा था।

बेटे के उछाह को देखकर बीबम्मा हुलस उठी। सबसे बढ़कर वह यह सोचकर प्रसन्न हो रही है कि बेटा दो एकड़ ज़मीन का मालिक होने जा रहा है। उसने सपने में भी यह नहीं सोचा था। इतने दिन तक यही सोचती रही थी कि ज़िन्दगी बस यही है! उसने यही चाहा था कि उसके बाद उसका बेटा भी एक नए भालू के साथ गुज़र-बसर करता रहे। उस ख़्वाहिश और उस ज़िन्दगी को लेकर अब सोचती है, तो उसे अरुचि होने लगती है।

बेटे के थोड़ा क़रीब होते हुए उसने कहा, "हाँ रे, उसका मैला ज़हर होता है न!" कहते-कहते उसने उबलती खीर गिलास में उड़ेलकर बेटे को दी।

फूँक मार-मारकर चाँद ने उसे ठंडा कर लिया। मुँह में लेकर थोड़ी-थोड़ी चुबला रहा था, तो खीर उसे भावी जीवन की कल्पना की तरह मिठाने लगी। बीबम्मा ने एक गिलास और लिया और उसमें अपने लिए थोड़ी-सी खीर डाल ली। बाक़ी उसने पति के लिए रख छोड़ी।

"अम्मी...अब्बा अब तक आए क्यों नहीं... ? मुझे कुछ शक हो रहा है।" खीर चुबलाते-चुबलाते ही चाँद ने कहा। उसके स्वर में चिन्ता थी।

इस बात से या जिस मीठे की आदत नहीं थी, उसके गले में चले जाने से बीबम्मा को ढाँसा लगा तो उसे खाँसी उठी और खाँसते-खाँसते उसने गिलास नीचे रख दिया।

तभी चाँद को माहौल में किसी बदलाव का अहसास हुआ। मीठे की तीखी बास में भी उसने उस बास को भाँप लिया। कोई खटका मन को कोचने लगा। कान खड़े करके उसने आहट लेने की कोशिश की। 'बड़ा अड़ियल आदमी है। वापस ले के भी आ सकता है।' मन में कहता हुआ वह बाहर आया और इधर-उधर देखने लगा।

दिन डूबे बहुत देर हो चुकी थी। बाहर घना अँधेरा पसरा था। उस अँधेरे में भी चाँद ने पिता की आकृति को पहचान लिया। आँखें मिच-मिचाकर उसने उस आकृति की चाल को ग़ौर से देखा। नासिका रन्ध्रों तक पहुँचते संकेत को भी उसने भाँपा। उसकी शंका मज़बूत हो गई। आहट और निकट आ गई।

मुँह का मीठा चाँद को कड़ुवा होता प्रतीत हुआ। अभी कुछ देर पहले सुखद लगते मीठे की बास अब उसे अस्थिर बनाने लगी। अपनी शंका को उसने एक बार फिर पक्का कर लिया। मन में क्रोध और शोक दोनों एक साथ उफन आए। हाथ के गिलास को दूर फेंकते हुए, "धत् तेरे की...सूअर साला! मारो...उस शैतान को फिर से लेकर आए हैं।" चाँद ने झल्लाकर कहा।

बेटे की झल्लाहट सुनकर बीबम्मा चौंक पड़ी। सहमती-सहमती वह बाहर आ गई। बेटे की कही बात न हुई हो, यह अल्ला से मनाते हुए उसने बाहर की ओर देखा। जिसे वह घटते देखना नहीं चाहती थी, वही बात हो गई थी। इमाम और इमाम के पीछे भालू—दोनों उसे दो भूतों की तरह दिखाई पड़े।

जब तक माँ-बेटा बाहर आए तब तक इमाम दरवाज़े पर पहुँच गया था। वह जानता था कि भालू के साथ उसके लौट आने का वे लोग क़तई स्वागत नहीं करेंगे। फिर भी 'जो होना हो, हो जाए,' वाले भाव से आकर वह दरवाज़े पर खड़ा हो गया।

चाँद झनककर अन्दर चला गया तो बीबम्मा ग़ुस्साई हुई आगे आ गई।

"तुमको यह क्या हो गया है? फिर से इसे साथ लेकर आ गए? औने-पौने ही सही, बेचकर आने को कह गए थे। नगदी न भी मिले, तब भी दे आने वाले थे। पैसा आज नहीं तो कल मिल जाता। एक पैसा भी न मिले, तो मुफ़्त में भी छोड़ आने की बात कहते थे तुम! इससे पीछा तो छूटता! लगता है, सिर पर बैठे सनीचर से छुटकारा नहीं है।" उसने कहा।

अपने साले के घर से पौ फटने से पहले ही इमाम निकल पड़ा था। लम्बा सफ़र था। दिन-भर पैदल चलना हुआ। एक-दो जगह ट्रक में सवार होने का मौक़ा था। लेकिन उसका मन नहीं हुआ। सादुल को साथ लेकर पैदल चलना ही उसे अच्छा लगा था। सादुल उससे दूर हो जाएगा, इस कल्पना की व्यथा के सामने पैदल चलने का कष्ट उसे कुछ बड़ा मालूम नहीं हुआ था।

रास्ते भर वह सादुल को ही लेकर सोचता रहा था। कहीं दो घूँट पानी भी उसने नहीं पिया था। पर सादुल को तो उसने चार भुट्टे खरीदकर दिए थे। दो जगह उसे पानी पिलाया था। वह जानता था कि इन भुट्टों से उसका पेट ज़रा भी नहीं भरेगा। लेकिन ज़्यादा ख़रीदने के लिए उसके पास पैसे नहीं थे।

थका-हारा इमाम दरवाज़े पर ही पसरकर बैठ गया। सादुल तो इन सब पेचीदगियों से बेख़बर था। एक भूख को ही वह भली-भाँति जानता है। इमाम के दो चक्कर लगाकर वह बीबम्मा के पास पहुँचा। पिछली टाँगों पर खड़े होकर उसके हाथ थामने की उसने कोशिश की।

हमेशा प्यार से उसके बाल सहलानेवाले हाथ दूर हट गए। ममत्वभाव से उसको सामने से लेनेवाले पैर पीछे चले गए। दयालु आँखों से आज चिनगारियाँ फूट रही थीं। बीबम्मा में आए बदलाव को सादुल ने जल्दी ही ताड़ लिया।

उसने बीबम्मा को पकड़ने की कोशिश नहीं की। उसने पैर नीचे उतारे और पीछे को हट गया। फिर थूथन ज़मीन पर टिकाई और सूँघता-साँघता हुआ वह झोंपड़ी के भीतर की ओर चल पड़ा। झोंपड़ी उसे नई-नई-सी लग रही थी। नष्ट-नीड़ पक्षी की भाँति वह झोंपड़ी में घूमता रहा। अपने इस्तेमाल की चीज़ों को तलाशता रहा। पूरी झोंपड़ी को वह सूँघता फिरा। 'गुर्र-गुर्र' करके छींकता रहा। कुय्य-कुय्य करके कराहता रहा। जस्तेवाले अपने तसले को ढूँढ़ता रहा। पानी के अपने कंडाल को तलाशता फिरा। लेटने के लिए हमेशा का अपना वह टाट का टुकड़ा ही मिल जाए, उसे पाने की वह कोशिश करता रहा।

लेकिन उसे किसी चीज़ की कोई निशानी तक नहीं मिली। घूम-घूमकर वह दरवाज़े के पास लौट आया। आकर इमाम के पास सिकुड़कर बैठ गया। इमाम ने उसकी आँखों का दर्द देखा। उसके पेट की भूख भी पहचानी। रोज़ के व्यवहार के साथ आज के व्यवहार का मिलान उसने किया। उसकी आँखों में आँसुओं की परत उतर आई। पेट में आँतों की कुलबुलाहट हुई। भालू के बाल सहलाते-सहलाते वह उसी तरह बैठा रहा।

इमाम के हाथ के स्पर्श से जाने उसे क्या संकेत मिला, सादुल उसके और पास सरक आया। वह थोड़ा और सिमट गया। इमाम अपनी तन्मयता में उसे सहलाता रहा।

थोड़ी देर तक कोई कुछ नहीं बोला। चाँद भीतर चला गया था। इमाम बाहर था। बीबम्मा दरवाज़े के पास ही थी। आख़िर मौन तोड़ते हुए उसने ही पहल करते हुए पूछा, "कुछ बताते क्यों नहीं कि हुआ क्या है। मुँह में दही जमाकर यों ही बैठ गए। तुम्हारी अक्ल को हो क्या गया है...जो हमें न इधर के रहने देते हो न उधर के..." कहते हुए वह पति के पास आ गई।

दुख के आवेग को रोकते हुए इमाम ने कहा, "क्या कहूँ, वे लोग भी हमारी ही तरह अपने भालू से पीछा छुड़ाने की फिराक में हैं। कहा, अपना ही तुम्हें देते हैं, ले जाओ!"

बीबम्मा ग़ुस्सा रोक नहीं सकी।

"कलमुँहों ने तब तो घर के तीन-तीन चक्कर लगाए थे! लेकिन लगे हाथ वहाँ से कवुनूरु गाँव ही चले जाते!" उसने कहा।

"कवुनूरु-अवुनूरु कुछ नहीं। सब जगह हाल यही है। कहते हैं कि भालू को नचाने नहीं दे रहे हैं। आज रास्ते में ही पुलिसवालों ने दो जगह रोक लिया।"

"यही करना था, तो इतने दिन क्या करते रहे? परसों ही लौट आना था।" बीबम्मा ने ग़ुस्से में कहा।

"आता तो तुम क्या करतीं?" उतने ही ग़ुस्से से इमाम ने पूछा।

घर के भीतर से चाँद दोनों की बातें सुन रहा था। बाप पर उसे तेज़ ग़ुस्सा आ रहा था। आवेश में वह बाहर निकल आया। माँ जवाब देती, इससे पहले ही वह बोल पड़ा, "चुटकी-भर ज़हर खाकर मर जाते। अब भी हमारे लिए एक वही रास्ता बचा है। तुम अकेले ही रहते रहो!"

ज़ोर-ज़ोर की इन बातों और घर के माहौल ने सादुल के मन में शायद भय का संचार किया। वह इमाम के और नज़दीक सरक आया। बीच-बीच में थूथन ज़मीन से लगाकर और 'बुस्स-बुस्स' करके हवा खींचकर वह चींटियों को चुबलाता रहा।

इमाम के मुँह से बोल नहीं फूटे। दरवाज़े पर ही उसने चारपाई बिछा ली। सादुल ने झोंपड़ी के दो चक्कर लगाए और लौटकर चारपाई के नीचे दुबक गया।

चाँद अपने पिता के साथ इधर या उधर कोई एक फ़ैसला करने पर तुला हुआ था। यह डर कि दो एकड़ ज़मीन उसके हाथ से निकल जाएगी, उसे अपने पिता के प्रति आक्रामक बना रहा था। वह जानता था कि सवेरे जब एम.आर.ओ. आएगा तब अगर उसे भालू दिख गया, तो वह ज़मीन का पट्टा नहीं देगा। वह चाहे कुछ भी कहता रहे, वह यक़ीन नहीं करेगा। इसीलिए वह चाहता था कि चाहे जो हो, इसी रात भालू को ग़ायब कर दिया जाए।

"यह बताओ अब्बा, तुम उससे पीछा छुड़ाओगे या मुझसे? दोनों में से एक बात का फ़ैसला हो जाना चाहिए और इसी वक़्त!" तेज़ी से चारपाई के पास आते हुए उसने कहा।

दुख से इमाम का गला रुँध गया।

"मैं भी क्या करूँ बता,...तुमको किसी बात के लिए मैंने मना किया है?...पीछा कैसे और किस बात के लिए छुड़ाऊँ, यह बताओ! मुझे क्या करना है, यह भी बताओ! जो तुम कहोगे, वही करूँगा!" असहाय होकर इमाम ने कहा।

जाने बाप-बेटे में कैसी कहा-सुनी होगी, दोनों में झड़प न हो जाए, इस आशंका से बीबम्मा दोनों के बीच में आ गई थी। अब उसे कुछ तसल्ली हुई। पति से सहमत होती हुई-सी वह बेटे से बोली, "हाँ रे, तू ही बता!"

बाप के हथियार डाल देने से ग़ुस्सा कुछ कम होने पर भी चाँद अभी तैश में ही था। पर निर्णय का दायित्व ऊपर आते ही वह ज़रा झिझका। फिर भी अपना फ़ैसला-सा देते हुए उसने कहा, "आज ही रात को चार हाथ गहरा गड्ढा खोद देंगे और गाड़ देंगे। बस, पिंड छूटेगा!"

सुनकर बीबम्मा कुछ बोली नहीं। लेकिन इमाम चौंका, "क्या जीते-जी!" उसके मुँह से इतना ही निकल पाया।

"हाँ, जीते-जी नहीं, तो मारकर ही सही..." कहते-कहते चाँद भीतर गया और हाथ में कुदाल और फावड़ा लेकर आ गया।

झोंपड़ी में रोज़ बिजली की बत्ती जलती थी। उसी की धुँधली-सी रोशनी झोंपड़ी में रहती थी। बाहर घूमना हो, तो उसी का आसरा होता था। लेकिन आज वह रोशनी नहीं है। चाँद बहुत-से गाँववालों की तरह अवैध तरीक़े से रात के वक़्त बिजली के खम्भे के तार के साथ दो तार जोड़ लेता है और सवेरा होते ही निकाल देता है। आज उसने यह काम किया नहीं है। झोंपड़ी के बाहर अँधेरा है। चूल्हे की हलकी रोशनी भी बुझ चुकी है।

उसी अँधेरे में कुदाल और फावड़ा हाथ में लेकर चाँद आगे बढ़ आया।

सादुल को जीते-जी गाड़ देने के ख़याल तक को इमाम बर्दाश्त नहीं कर पा रहा है। चारपाई से उठकर उसने बेटे का हाथ थाम लिया, "अरे चाँद...बेटा...ठहर रे ठहर...सोचते हैं कुछ...ठहर..." उसने किसी तरह कहा।

चाँद ने आँखें तरेरकर देखा। अँधेरे में उसकी कोपदृष्टि तो दिखाई नहीं पड़ी। अगर दिखाई पड़ती तो इमाम काँप ही उठता। चाँद ने पिता का हाथ झटक दिया। इमाम झूलकर नीचे गिर पड़ा। बीबम्मा ने सहारा देकर उसे उठाकर खड़ा कर दिया।

"देखो, तुम्हारे मन में एक बात है और ऊपर से कुछ दूसरी ही बात कह रहे हो! तुम उसे छोड़ना नहीं चाहते, बस!" चाँद ने कहा, "इसीलिए बेचा नहीं, फिर से ले आए हो।"

"अरे नहीं रे, बेटा...बात वह नहीं है..." इमाम बोलने को हुआ। चाँद तैश में उसके पास आ गया। बीबम्मा सहमकर दोनों के बीच आकर खड़ी हो गई। एक की शक्ल दूसरे को धुँधली-धुँधली-सी दिखाई पड़ रही थी।

"मैं एक ही बात पूछता हूँ। तुम गाड़ दोगे या मैं गाड़ दूँ? थानेदार साहब ने क्या कहा है, मालूम है न..." चाँद बोल पड़ा।

"थानेदार साहब बड़ा ग़ुस्सैल आदमी है। यह मालूम पड़ जाए कि हम झूठ बोले हैं, तो चमड़ी उधेड़ देगा।" बेटे के ग़ुस्से को कुछ शान्त करने के भाव से माँ बोली।

इमाम कुछ बोल नहीं सका। पिता के उत्तर की प्रतीक्षा में खड़े चाँद ने उसके मौन पर ग़ौर करके कहा, "मेरे रास्ते में आओगे, तो उसे छोड़कर...तुमको...तुमको काटकर गाड़ दूँगा!" कहता हुआ वह कुछ दूर हटा और फिर से उसने उधेड़बुन में खोदना शुरू किया।

बीबम्मा कुछ बुदबुदाई। इमाम आकर चारपाई पर लुढ़क गया। चारपाई के नीचे भालू 'गुर्र-गुर्र' कर रहा है। उससे छुटकारा पाने की बात को लेकर हफ़्ते-दस दिन से इमाम उधेड़बुन में है। इस हफ़्ते-दस दिन में एक भी ऐसा दिन नहीं आया था जब उसने भालू का पेट भरा हो। भूख से परेशान होकर भालू एक-दो दिन बिलबिलाता रहा। सिर उठाकर चीख़ता-चिल्लाता रहा। ग़ुस्से से देखता रहा। बाद में उसने शायद आदत डाल ली। 'गुर्र-गुर्र' करके दीनभाव से देखने के सिवा वह कुछ नहीं कर पा रहा था।

इस विचार ने कि अब एकाध घंटे में भालू को ज़िन्दा ही गाड़ दिया जाएगा, इमाम को अस्थिर कर दिया। वह उठ बैठा। लेकिन बैठे रहने का उसका मन नहीं हुआ। उद्वेलित होकर वह भीतर चला गया। मकई का दलिया जिसमें रखा रहता था, उस मटके में उसने देखा। मटका ख़ाली था। छींके पर रखे मटके में तो घरवालों के लिए भात रखा था। भालू जिसमें खाता था, उस तसले को उसने ढूँढ़ा। वह उसे नहीं मिला। अपने खानेवाली तामचीनी की प्लेट में भात के दो पिंड रखकर वह चारपाई के पास आ गया।

भात की गन्ध पाकर भालू चारपाई के नीचे से बाहर आ गया। इमाम ने प्लेट उसके सामने कर दी। फिर उसने उसका सिर सहलाते हुए थूथन पर कसी बेल्ट खोल दी। दो बार सूँघकर दोनों पिंडों को भालू ने गटक लिया।

इन बीस बरसों में ऐसे मौक़े बहुत कम आए हैं, जब उसे भात खिलाया गया हो।

''भात खाने से वात हो जाता है। सादुल को भात मत देना।'' बीबम्मा कहती। चाँद भी वही बात कहता।

कामारेड्डी बस्ती में जाकर चाँद ख़ुद मकई और ज्वार ख़रीद लाता। चक्की पर उसका दलिया पिसवाकर मटके में भरकर रख देता। एक लीटर दूध का दही जमाता और उसकी छाछ बनाकर पकाए दलिए को छाछ में घोलकर तीनों जून उसे पिलाता। उसके खाने-पीने के मामले में वह किसी पर भरोसा नहीं करता था।

''जो कुछ घर में है सब उसी को खिला दोगे तो हम क्या खाएँगे भाई! कुछ ख़याल रखा करो।'' इमाम कुछ हँसी में, तो कुछ परेशान-सा होकर बेटे से कहता।

''हम लोग इनसान हैं। उम्मीद पर ज़िन्दा रह सकते हैं। उसकी ज़िन्दगी में क्या है, खाने के अलावा? उसकी मेहनत में से ही तो खिला रहे हैं। अपनी मेहनत में से तो नहीं!'' चाँद कहता।

बीबम्मा भी सिर हिलाती। ऐसे भी दिन थे जब उन लोगों ने पानी से अपना पेट भरकर भालू को पूरा खिलाया था। अब सब उलट-पुलट हो गया था। यही बात इमाम को साल रही थी।

भालू को भात खिला रहा था, तो इमाम को वे दिन याद आ रहे थे। अँधेरे में ही भालू ने बीबम्मा के लिए इधर-उधर ताका। वह दिखाई नहीं पड़ी तो उसने चाँद की ओर ताका। वह बड़ी लगन से खुदाई में लगा हुआ था। बेटे को देखकर इमाम को डर लग रहा था। वह जाकर चारपाई पर पसर गया।

दो फाँकियों में भात गटकने के बाद सादुल थोड़े और भात की उम्मीद में इन्तज़ार करता रहा। जब उसने इमाम को चारपाई पर जाते देखा, तभी उसने अपनी उम्मीद छोड़ी। जाकर चारपाई के नीचे दुबक गया।

"सुनती हो!" इमाम ने पुकारा।

वह बाहर आ गई।

"बीस बरस तक हमारे लिए मेहनत की है इसने। बीस बरस हमें पाला है। अब इसे जीते-जी गाड़ देंगे हम?" इमाम ने पूछा।

थोड़ी देर तक बीबम्मा कुछ नहीं बोली। इमाम ने सोचा, उसे दुख हो रहा है। उसका मन बदलने की कोशिश में उसने कुछ और बातें भी कहीं। उसने बीवी को अपनी ओर कर लेना चाहा।

बीबम्मा फुफकार उठी, "एक ही बात पूछती हूँ मैं। तुमको ज़मीन चाहिए या नहीं?"

"नहीं, ज़मीन-वमीन कुछ नहीं चाहिए मुझे। इतने दिन हमारा गुज़ारा नहीं हुआ? आगे भी नहीं होगा?..." इमाम ने भी उतने ही ग़ुस्से से कहा। यह बात कहते हुए उसका स्वर रुआँसा हो आया था।

लगा कि चाँद ने वे बातें सुनीं। कुछ क्षण रुकने के बाद उसके हाथ का कुदाल दुगुने वेग से ज़मीन को फोड़ने लगा। उस शोर से इमाम को तकलीफ़ हो रही थी, तो बीबम्मा को डर लग रहा था। उसी डर से उसने कहा, "तुमको ज़रूरत नहीं है, तो क्या उसको भी नहीं है? वह कैसे जिएगा, इसकी फिकर भी है तुमको? यह ज़मीनें हमेशा ही बाँटते रहेंगे क्या?...अब यों ही यह हवा चल पड़ी है, दे रहे हैं। चार दिन बाद तुम यह कहते फिरो कि मेरे पास भालू नहीं है, तब वे देंगे क्या तुमको?"

इमाम कुछ बोला नहीं। बीबम्मा ही फिर बोली, "उसके मन में जो है, वही होने दो! तुम चुप बैठे रहो! जो करना चाहता है, करने दो। हमें क्या मालूम कि उसने किससे क्या कहा हुआ है? वह ग़ुस्से में है। कह रहा है कि या तो मारूँगा या मरूँगा। इस बखत रात में जंगल-पहाड़ का रास्ता पकड़कर यह भाग जाए तो कौन उसके पीछे जाएगा?"

चन्द्रमा अभी-अभी निकला है। अँधेरा ग़ायब हुआ और धुँधली-धुँधली-सी रोशनी चारों तरफ़ फैल गई। अब वे सब एक-दूसरे को देख रहे हैं। चाँद कुदाल से खोदकर फावड़े से मिट्टी उठा रहा है। बीबम्मा चारपाई के पास खड़ी है। इमाम सिकुड़कर लेटा है। सादुल चारपाई के नीचे 'बुस्स-बुस्स' कर रहा है।

चाँदनी रात इमाम में अनेक विचार जगा रही है। सादुल के साथ किसी भी बस्ती में जाना होता तो चाँदनी की रात को ही वह चुनता था। सादुल को भी चाँदनी बहुत पसन्द है। चाहे जितनी दूर जाना हो, वह बिना थके-सुस्ताए चलता रहता। चाँदनी में खेलता। शाम के झुटपुटे या भोर में तो वह और ज़्यादा फुर्ती से चलता।

इमाम को उसका जन्म-वृत्तान्त शुरू से याद हो आया। बीस साल पहले ऐसी ही एक चाँदनी रात को वह उसके हाथ लगा था। उस दिन बीबम्मा भी उसके साथ थी। चाँद एक साल का बच्चा था, बस! सादुल छह महीने का बच्चा रहा होगा। उसे पकड़ने में उसे बहुत तकलीफ़ उठानी पड़ी थी। दो-तीन दिन इन्तज़ार करने और घंटों घात में रहने के बाद उसने जंगल में उसे पकड़ा था। क्षणभर की भी देर हुई होती, तो उसकी माँ के पंजे से उसकी खोपड़ी खुल जाती।

किस कष्ट और किस चाव से उसने उसे पाला था, वह सब क्रमशः उसको याद आने लगा।

"अरे इमाम!" दरवाज़े पर से चन्द्रय्या ने पुकारा था। इमाम के बाप की कुछ दिन पहले मौत हो गई थी और बाप के मरने के एक हफ़्ते के भीतर ही बाप का पाला हुआ भालू भी मर गया था। पिता की मौत से सिर पर से उनका साया उठ गया था और भालू के मरने से उसकी जीविका छिन गई थी। इमाम के दुख की सीमा नहीं थी।

ऐसे में हाल जानने कोई आया होगा, यह सोचकर इमाम बाहर निकल आया।

"हमारे खेत के पास एक भालू है रे, रात को आकर पूरे खेत को तहस-नहस करता फिरता है।" चन्द्रय्या ने कहा।

"क्या करूँ भैया! मैं बहुत परेशान हूँ।" इमाम ने कहा, "मेरे भालू को मरे एक हफ़्ते से ज़्यादा हो गया है।"

"अरे पागल, पूरी बात तो सुनो। तुम्हारा भालू मर गया है, इसीलिए तो कुछ बताने आया हूँ! मेरे खेत में जो भालू आता है, वह मादा है।" चन्द्रय्या ने कहा, "साथ में उसका बच्चा भी है। बच्चे को ले आओगे, तो तुम्हारे गुज़ारे का इन्तज़ाम हो जाएगा। साल-भर में सारे खेल सीख जाएगा।"

इमाम को लगा कि बात ठीक ही है, लेकिन भालू पकड़ना उसको आता नहीं था। उसके बाप ने भी भालू के बच्चे को पकड़ा नहीं था। भालू को खिलाना तो सिखाया था, पर भालू को पकड़ना नहीं सिखाया था।

"देखते हैं।" बीबम्मा ने कहा, "अपनी कोशिश हम करेंगे। खेल सीखा हुआ जानवर तो कम-से-कम दो-तीन हज़ार में आएगा। बच्चा मिल जाए तो अच्छा ही है।"

इमाम ने भी कहा, "ठीक है।" चन्द्रय्या से उसने उसी रात चलने की बात कही और चाँदनी के उजास में चन्द्रय्या के मूँगफली के खेत के पास वह पहुँच गया। आधी रात तक वह इन्तज़ार करता रहा। पर भालू नहीं आए। जब वह यह सोचकर लौट रहा था कि अब आएँगे नहीं, तभी 'गुर्र-गुर्र' की आवाज़ कान में पड़ी। पेड़ की आड़ में दुबककर वह बैठ गया और देखता रहा।

जो भालू वहाँ आया, उसके पूरे बदन में बाल थे और वह काला और ऊँचा था। चाँदनी के उजास में उसका काला रंग और अधिक झिलमिला रहा था।

इमाम को वह एकदम अपना मरा हुआ भालू जैसा मालूम पड़ा।

अगर वह मरा नहीं होता, तो उसे देखकर भ्रम होता कि यह वही भालू है।

भालू धीरे- धीरे चला आ रहा था। वह बेधड़क ऐसे चला आ रहा था, जैसे सारा जंगल उसकी अपनी जागीर हो। इमाम भालुओं को खूब जानता है। उनका कब कैसा मिज़ाज होता है, कैसा बर्ताव होता है, वह जानता है। उनकी आदतें क्या हैं, यह भी जानता है, लेकिन इस जंगली भालू को देख रहा था, तो उसे नया-नया-सा लग रहा था।

इमाम की आँखें भालू के बच्चे को ढूँढ़ रही थीं। लेकिन वह कहीं दिखाई नहीं पड़ रहा था। बड़े भालू को पकड़ना इतना आसान नहीं है। किसी तरह पकड़ भी लें, तो उसकी जंगलवाली आदतें छुड़ाना तो बहुत ही मुश्किल है। वह अपनी जंगली प्रवृत्ति को आसानी से छोड़ता नहीं है। आदमियों से इतनी जल्दी हिल-मिल भी नहीं जाता।

घने पत्तों वाली झाड़ियों में से...फूलों-फलों को सूँघता-साँघता... कीड़े-मकोड़ों के लिए ज़मीन को पंजों से नोचता-कुरेदता...सिर उठाए और मुँह बाये किसी महक का पता लगाता वह आ रहा था।

भालू को देखते ही इमाम रोमांचित हो उठा। उसे लगा, जैसे बहुत दिनों के बाद किसी प्रिय स्वजन को देख रहा हो।

इमाम जिस झाड़ी के पीछे था, उसी के पास आकर भालू रुका। सिर उठाकर वह 'गुर्र- गुर्र' करने लगा, तो इमाम का कलेजा काँप उठा। उसे लगा कि भालू ने उसकी उपस्थिति को भाँप लिया है। एहतियात के तौर पर मानव-गन्ध को दबाने के लिए उसने सारे बदन में महुए की शराब पोत ली थी।

भालू वहीं रुका और 'गुर्र-गुर्र' करता रहा। इमाम को जान बचने की उम्मीद नहीं रही। भालू शिकारी कुत्तों से भी ज़्यादा तेज़ होता है। उसको ऊँचा सुनाई पड़ता है और उसकी नज़र भी कमज़ोर होती है। लेकिन उसमें सूँघने की ताक़त तो बहुत ज़्यादा होती है! लगता है, मेरी गन्ध का उसे पता चल गया है। अब तो यह मुझे नहीं छोड़ेगा। पीछा

कर करके मार डालेगा...क्या किया जाए? भालू को खिलानेवाले घर में पैदा होकर आख़िर में भालू से ही मारा जाऊँगा क्या...! इमाम सोचता रहा।

असल में इमाम उस दिन भालू को पकड़ने नहीं आया था। माँ भालू के घूमने की जगहों को देखने के लिए आया था। इसीलिए घर से दियासलाई तक लेकर नहीं चला था। दियासलाई की छोटी-सी तीली भी हो, तो विपदा से बचाव हो सकता है, लेकिन पास में वह भी नहीं थी।

अन्तिम प्रयत्न के रूप में उसने वहाँ से भाग निकलने की बात सोची। फिर डरा कि इस तरह भागकर भी वह अपनी रक्षा शायद न कर सके। एकदम उसे कुछ सूझा। उसने साँस रोककर मरे हुए आदमी की तरह लेट जाने की सोची, क्योंकि वह जानता था कि भालू मरे हुए आदमी को छूता नहीं है।

इमाम लेटने ही वाला था कि भालू वहाँ से टल गया। इमाम ने राहत की साँस ली। उसे चकित करता हुआ सहसा एक भालू और उसे वहाँ दिखाई पड़ा। चाल से उसने पहचाना कि उनमें एक मादा है और दूसरा नर। दोनों मिलकर मस्त चाल से चले जा रहे थे। इमाम को तब समझ में आया कि वे आधी रात को क्यों निकल पड़े हैं।

इमाम के होंठों पर मुस्कान की रेखा प्रकट हुई। शरीर रोमांचित हो गया। चलते-चलते दोनों भालू महुए के पेड़ के पास रुके। नर पेड़ पर चढ़कर पके महुए से लदी डालियों को झकझोरने लगा। मादा नीचे गिरे हुए महुओं को प्रेम से खाती रही। फिर दोनों आगे बढ़ गए।

'इनसानों में जो नीति नहीं होती, वह इन जंगली भालुओं में होती है। जहाँ जी करे वहाँ, जब जी करे तब, ये जोड़ा नहीं खाते। आज की रात तो इनके लिए सुख-जागरण की ही रात होगी...घूम-घूमकर बीच जंगल में किसी ऐसी जगह जहाँ चींटी तक की आहट नहीं होती, वहाँ पौ फटने से पहले किसी समय ये जोड़ा खाएँगे।' इमाम सोचता रहा।

भालू चले गए। भालू का बच्चा तो उसे कहीं दिखा नहीं। रात-भर उम्मीद लगाए इमाम वहीं बैठा रहा।

अगले दिन चन्द्रय्या ने इमाम से भालुओं के बारे में पूछा।

"कहाँ मिला पटेल जी...बच्चा कोई नहीं मिला। जोड़ा खाने की उमर वाले नर-मादा ही दिखे।" इमाम ने हताशा से कहा। इमाम ने उनको कहाँ देखा था, यह पूछकर चन्द्रय्या ने कहा कि उसकी बताई हुई जगह वह नहीं, दूसरी थी।

सब तरह की तैयारी करके इमाम अगले दिन फिर जंगल में चला गया।

वही चाँदनी का उजास, वही जंगल। पिछले दिन ही के वक़्त दो भालू वहाँ आ गए। चन्द्रय्या के कहे मुताबिक माँ और बच्चा दोनों ही थे। माँ बड़ी फुर्ती से एक ऊँचे ताड़ पर चढ़ गई। चढ़कर उसने पेड़ पर बँधी मटकी से ताड़ी पी और उसे ख़ाली करके ज़मीन पर पटक दिया। बच्चे ने भी पेड़ पर चढ़ने की कोशिश की। वह आधे तक चढ़ा और फिसलकर नीचे आ गया। बच्चा छोटा ही था, बिल्ले के आकार का। लगा कि अभी दूध पीता होगा। ताड़ी पीने और मटकी फोड़ने का मज़ा लेने के बाद यह शहद खाने मधुमक्खियों के छत्ते की खोज में तो नहीं निकलेगी? इमाम ने सोचा। वह जानता था कि भालू को शहद बहुत प्रिय है और अपनी तीव्र घ्राण शक्ति से दूर-दूर तक के छत्तों का पता लगाकर ऊँचे-से-ऊँचे पेड़ पर चढ़ जाता है। उसे मधुमक्खियों का डर भी नहीं है। जब वे उसे घेर लेती हैं, तो अपनी नाक और मुँह को वह पंजों से ढक लेता है। उसके लम्बे और घने बालों के कारण मधुमक्खियाँ उसे डंक नहीं मार सकतीं, यह भी वह जानता है। लेकिन भालू महुए के पेड़ के पास गए।

माँ महुए के पेड़ पर चढ़ गई। टहनियों को उसने पूरी ताक़त लगाकर झकझोर दिया। महुए के फूल झड़े। बच्चा चुन-चुनकर खाने लगा। खाते-खाते उछल-कूद भी करने लगा। झाड़ियों में इधर से उधर

और उधर से इधर घुसता रहा। आख़िर में उसने माँ के लम्बे-लम्बे बालों को ज़ोर से पकड़ लिया और उसकी पीठ पर की बालों की नरम गद्दी पर बैठकर जंगल की सैर पर निकल पड़ा।

इमाम ने दूर से ही भालू के घूमने की सारी जगहें देख लीं। फिर सावधानी से वहाँ से हटकर बाहर आ गया। भालू आदमी की उपस्थिति को फ़ौरन ताड़ लेता है। ताड़ लेता है तो पीछा करता है। वह आदमी के मांस को नहीं छूता। पंजा मारकर खोपड़ी तोड़ देता है और सिर्फ़ उसका भेजा सुड़कता है। ऐसा भी माना जाता है कि नर भालू हुआ, तो औरतों को मार डालता है और बाद में भोगता है।

अगले दिन इमाम ने दो जालों का इन्तज़ाम किया। महुए के पेड़ के नीचे जहाँ दो झाड़ियाँ थीं, वहाँ जाल बाँधे और घात में बैठा रहा। उस दिन साथ में बीबम्मा भी थी। खजूर की कमचियाँ और दियासलाई हाथ में लिये वह बैठी रही। इमाम मज़बूत बाँसों का पिंजड़ा पकड़े बैठा रहा।

आधी रात बीत गई। भालू आज शायद न आएँ, इमाम सोचता रहा। चाँद निकल आया। धुँधली चाँदनी में काली-काली, ऊँची और क़द्दावर माँ आती दिखी। उसके पीछे छलाँगता-फलाँगता बच्चा भी आ गया। माँ ने ताड़ पर चढ़कर ताड़ी पी। बच्चा आधी दूर तक चढ़ा और नीचे फिसल आया।

माँ महुए के पेड़ पर चढ़ी और टहनियों को झकझोरने लगी। बच्चा नीचे शौक़ से खाने लगा। उसके बाद उछलते-कूदते, झाड़ियों में घूमते वह जाल में फँस गया। फँसकर 'गुर्र-गुर्र' करके ज़ोर-ज़ोर से चीख़ने लगा।

बच्चे की चीख़ सुनकर माँ नीचे उतर आई। दो ही छलाँग में वह बच्चे के पास पहुँच गई। कुछ पल और उसको मिल जाते, तो आकर जाल को तोड़कर तार-तार कर देती!

जाल की रस्सियों को हाथ में लेकर इमाम ने उसे दूर हटा दिया। आदमी की गन्ध को ताड़ चुकी माँ गरज पड़ी और पिछली दो टाँगों पर

खड़ी होकर उसने मुँह खोल दिया। काला थूथन और सफ़ेद दाँत चाँदनी में झिलमिला उठे। क्षण-भर की भी देर होती, तो इमाम की खोपड़ी उड़ ही जाती।

तभी दियासलाई घिसकर बीबम्मा ने खजूर की कमचियों में आग जला दी। दो कमचियों को उठाकर उसने पकड़ लिया। लपट को देखते ही सहमकर भालू दो क़दम पीछे हट गया। उस मौक़े का फ़ायदा उठाते हुए इमाम कुछ दूर हट गया। माँ इतनी जल्दी पेड़ के ऊपर से बच्चे के पास पहुँच जाएगी, इसकी दोनों ने कल्पना नहीं की थी।

भालू से दूर हटा हुआ इमाम ज़ोर-ज़ोर से 'ओय...ओय...हट... हट...' करते हुए, पत्थर फेंकते हुए और हाथ की जलती हुई खजूर की कमचियों को दिखा-दिखाकर भालू को डराता रहा। आग को देखकर भालू के प्राण ही निकल जाते हैं। डर से वह दूर हट गया। कमचियों की लपट से उस पर धावा-सा बोलते हुए सामने जाकर इमाम ने उसे कुछ और पीछे खदेड़ दिया।

भालू का बच्चा जाल में छटपटा रहा था। माँ बाहर गरज-तरज रही थी। लपट को देखकर वह रुक गई थी। वरना दोनों की खोपड़ियाँ उड़ ही जातीं!

इस बीच बीबम्मा ने एक सूखी झाड़ी में आग लगा दी। झाड़ी में से जीभ फैलाती हुई लपट ऊपर उठी। उसकी रोशनी में वे सब एक-दूसरे को साफ़-साफ़ देख रहे थे। ऊपर उठती एक-एक लपट को देखकर माँ भालू और डर गई। वह कुछ पीछे की ओर दौड़ी और वहाँ खड़ी होकर ज़ोर से 'गुर्र-गुर्र' करके बच्चे को पुकारने लगी। जाल में फँसा बच्चा भी 'गुर्र-गुर्र' की चीख़ से ही उसका जवाब देता रहा।

दोनों की चीख़-पुकार से सारा जंगल जाग उठा। पेड़ों पर से चिड़ियाँ उड़ गईं। झाड़ियों में विश्राम कर रहे पशु भाग गए।

इमाम ने देर नहीं की। वह जानता था कि पीछे हटी हुई माँ ग़ुस्से में अगर आगे बढ़ आई, तो क्या होगा। किसी भी क्षण वह मौत

की परवाह छोड़कर आगे को कूद सकती है। इमाम के हाथ में भाला था। छुरा भी था। नाक का निशाना लगाकर फेंकता तो भालू छटपटा-कर मर सकता था। लेकिन माँ को मारने का इमाम का मन नहीं हुआ।

आग की रोशनी में इमाम ने जाल को गठरी की तरह लपेटा और सलीक़े से बच्चे को हाथ में ले लिया। फिर अंटी में से उसने देशी दारू की बोतल निकाली। घुटनों पर बैठकर उसने हाथों और पैरों से बच्चे को कसकर पकड़ा तो जाल के छेद में से बीबम्मा ने बोतल को भालू के गले में डाला। भालू बीबम्मा को इधर-उधर हिलाने-हटाने की कोशिश करता रहा। पर उसने बोतल को उसके गले में उतारकर इस तरह पकड़ लिया कि दारू बाहर न निकल पाए। इमाम ने भालू के पैर कसकर पकड़ लिये। बच्चा छोटा था इसलिए उस पर इमाम की पकड़ मजबूत रही। कई बार कोशिश करने के बाद बीबम्मा ने दारू को भालू के हलक़ के नीचे उतार ही दिया। महुए के फूलों के स्वाद से परिचित भालू दारू को घटक गया।

बच्चे के बहुत छटपटाने और विरोध करने के बावजूद एक लीटर से ज़्यादा दारू उसके पेट में उतर ही गई। कुछ देर चीख़ने-चिल्लाने के बाद वह मस्त होकर सो गया। पूरे जाल को गठरी की तरह बाँधकर इमाम ने उसे बाँसों वाले पिंजड़े में डाल दिया। फिर उस पिंजड़े को झाड़ी में रखकर उसे उसने पेड़ों के साथ रस्सियों से कसकर बाँध दिया।

इतनी देर तक माँ दूर खड़ी गरजती रही और बीबम्मा खजूर की कमचियाँ जला-जलाकर उसे आगे बढ़ आने से रोकती रही।

उस दिन जितना काम किया जाना था, वह अब पूरा हो गया था। बच्चे का चीख़ना-चिल्लाना जब बन्द हो गया, तब माँ और ज़्यादा तड़प उठी। अब उसमें पहले वाला डर नहीं रह गया था। वह एक-एक क़दम आगे बढ़ने लगी।

उसी रात बच्चे को वहाँ से उठा ले जाना सम्भव नहीं था। गन्ध के सहारे माँ पीछा करेगी। चाहे जितनी आग जलाकर पकड़े रहो, छोड़ती नहीं। थोड़ी दूर तक डरते-डरते पीछा करने पर भी किसी मौक़े पर जान पर खेलकर धावा बोल ही देती है। वहीं बने रहें, तब भी यह ख़तरा था। इसलिए दोनों वहाँ से हटकर बाहर आ गए। आते-आते एक दूसरी झाड़ी में भी दोनों ने आग लगा दी।

माँ की एकाग्र दृष्टि अपने बच्चे पर ही थी। इसलिए उन दोनों का वहाँ से हटना आसान हो गया। जंगल में से तेज़ी से निकलकर दोनों घर आ गए। बहुत दूर तक माँ का गर्जन-तर्जन कानों में आता रहा। उसकी चीख़ के ही आधार पर इमाम अनुमान लगाता रहा कि 'अब झाड़ी के पास गई है, अब झाड़ी के चारों ओर घूम रही है, अब थूथन से ज़मीन को कुरेद रही है, अब बाँस के पिंजरे पर टूट पड़ी है।'

"क्या कहते हो? बच्चा मिल जाएगा हमें?" घर लौटने के बाद बीबम्मा ने शंकित होकर पूछा।

"नहीं मिलेगा तो जाएगा कहाँ? माँ जाल को काटकर तार-तार भी कर दे, और पिंजरे के टुकड़े-टुकड़े भी कर दे, तब भी बच्चा नींद से उठेगा नहीं। दारू में तम्बाकू की बुकनी भी तो मिलाई थी न मैंने!" इमाम बोला।

सवेरे दिन निकलने के बाद इमाम वहाँ पहुँचा। चन्द्रय्या वहीं था। जिस झाड़ी में पिंजड़ा बँधा था, वह झाड़ी झाड़ी की तरह नहीं थी। समूची तहस-नहस हो गई थी। पिंजड़ा झाड़ी में नहीं था। बहुत दूर जा पड़ा था। झाड़ी के चारों ओर ज़मीन ऐसी मालूम हो रही थी जैसे जोत दी गई हो।

बच्चा नशे से अभी उबरा नहीं था। पिंजड़ा आधा टूट-फूट गया था। "बिस्मिल्लाह..." कहकर जाल में गठरी की तरह बँधे बच्चे को उठाकर इमाम ने झाबे में डाला और उसे सिर पर ले लिया।

"अरे, यह क्या बात हुई!...बच्चे को घर लाने से ही सारा काम ख़त्म थोड़े ही हो गया! मैंने सोचा था कि तुम माँ को भी ख़त्म करोगे। ताड़ी पी-पीकर और महुए के फूल फाँक-फाँककर पगला जाती है और

मेरा खेत ऐसे खोद डालती है कि क्या बताऊँ! कल से तो और ज़्यादा पगलाई हुई रहेगी।'' चन्द्रय्या ने कहा।

''पटेल भाई, कल से तो तुम्हारे खेत के पास क्या महुए के पेड़ के पास भी नहीं आएगी।'' इमाम ने कहा, ''यहाँ तक कि इस जंगल में ही नहीं रहेगी। बहुत दूर चली जाएगी क्योंकि अपने साथियों में से किसी एक के मारे जाने या घायल हो जाने पर दूसरे सब भालू वहाँ से निकल जाते हैं। भालू के मिज़ाज और रंग-ढंग को मैं ख़ूब जानता हूँ!''

इमाम बच्चे को घर ले आया और छाछ में घुला मकई का पका दलिया आदि पिलाकर उसके थूथन पर बेल्ट बाँध दी। गले में रस्सी कस दी। पैर के नाख़ून काट दिए। फिर एक नए पिंजड़े में रखकर टट्टी से उसे बन्द कर दिया।

एक-दो महीने तक भालू का बच्चा उस माहौल का अभ्यस्त नहीं हो सका। वह हमेशा पिंजड़े में ही रहता। बाहर आता, तो भाग खड़े होने की कोशिश करता। शुरू के दिनों में तो कुछ नहीं खाता-पीता था। केवल भागना चाहता था और पगलाया हुआ-सा रहता। लोगों पर झपटता। दो बार वह इमाम पर भी झपटा। चार-पाँच बार बीबम्मा से उलझ पड़ा। थूथन पर बेल्ट बँधी नहीं होती, तो घायल ही कर देता। तब भी नाख़ूनों से उसने नोचा। नाख़ून काटे गए थे, इसलिए बचाव हो गया। कभी-कभार ही दलिया वाली छाछ को वह मुँह लगाता। जंगल और अपनी माँ की याद उसे आती रही होगी ।

चाँद साल-भर का बच्चा था। लड़खड़ाता, झूलता-झूमता चल रहा था। वह भालू के बच्चे को आश्चर्य से देखता। उससे खेलने की कोशिश करता। लेकिन बीबम्मा ही बेटे को दूर रखती। भालू पर वह भरोसा नहीं कर सकती थी।

दो महीने में भालू आधा रह गया। बाल झड़ गए। चमड़ी में झोल आ गया। एक वक़्त ऐसा भी आया, जब लोगों को लगा था कि वह बचेगा नहीं। इमाम जड़ी-बूटियाँ पीस-पीसकर पिलाता रहा। बीबम्मा

भी अपनी समझ के मुताबिक परचानेवाली जड़ी-बूटियाँ खिलाती रही। भालू को सादुल नाम दिया गया। जो भगवान का एक नाम है। इन दो-तीन महीनों में ही सादुल बीबम्मा से हिल-मिल गया।

बीबम्मा चाँद को अपनी एक छाती देकर दूसरी छाती का दूध निकालकर काले बिल्ले-जैसे दिखनेवाले सादुल को पिलाती रही। सादुल ठीक हो जाए, इसके लिए वह जितनी मन्नतें मान सकती थी, मानती रही। दरगाहों-मज़ारों की सीढ़ियाँ चढ़ती रही। हाथ में ताज़िया लिये आग पर भी चली। औरत के दूध का आदी हुआ सादुल आदमियों से कुछ-कुछ हिलने-मिलने लगा। चाँद को परे हटाकर वह बीबम्मा की गोद में दुबककर दूध पीता। कभी-कभी दोनों एक-एक छाती थामकर दूध पीते। ऐसे मौक़े पर बीबम्मा को वह भालू का बच्चा नहीं, उसका अपना बेटा ही लगता।

"तुम्हारे एक नहीं, दो-दो बेटे हैं री!" हँसते हुए इमाम कहता।

बीबम्मा भी हँस देती।

"मुझे तो चाँद से भी ज़्यादा सादुल प्यारा है। चाँदवा को हमें बीस बरस तक पालना-पोसना पड़ेगा। तब जाकर वह हमारा हाथ बँटाने लायक़ हो पाएगा। सादुल अब छह ही महीनों में खेल-वेल सीख ले, तो मरने तक हमें पालता रहेगा।" वह कहती।

"सादुल जानवर है न! किसी की मेहनत को नहीं लूटता। चाँद तो आदमी का बच्चा है। आदमी का मतलब ही होता है ख़ुदगरज़।" इमाम कहता।

बीबम्मा हँस देती! फिर एक हाथ से चाँद को और दूसरे हाथ से सादुल को अपने पास खींच लेती।

सादुल लोगों के साथ हिलने-मिलने तो लगा पर कमज़ोरी से वह उबर नहीं पा रहा था। बहुत दुबला हो गया था। जाने कब क्या हो, इस दुश्चिन्ता में बीबम्मा का एक महीना निकल गया। सादुल में कोई सुधार नहीं दिखाई पड़ा। दिन-पर-दिन दुबला होकर वह पंख झड़ी हुई मुर्गी लगने लगा।

"अरे...कैसी मुसीबत है! रोज़-रोज़ इसकी हालत गिरती ही जा रही है...क्या किया जाए?" बीबम्मा घबरा उठी। यही बात उसने इमाम से कही।

"क्या कर सकते हैं...नसीब ही ऐसा है...जो होना होगा, वही होगा। हमारे घर के दो दाने इसके नसीब में होंगे, तो बच जाएगा। नहीं तो नहीं बचेगा। हमारे हाथ में है क्या?" विरक्त भाव से इमाम ने कहा।

मौत की बात बीबम्मा को बरदाश्त नहीं होती। अपने अनुभव में उसने दो ही भालुओं की मौत देखी थी। एक ससुराल में और दूसरी मायके में। भालू का मरना उसके लिए घर के किसी आदमी के मरने जैसा ही दुखदायी होता है। दोनों ही बार हफ़्ते-भर बीबम्मा अपने आपे में नहीं रही थी।

भालू की मायके में हुई मौत तो बड़ी ही विचित्र तरह से हुई थी। कुछ अनिवार्य परिस्थितियों में बीबम्मा को अपने ही हाथों उसे मार डालना पड़ा था। पिता रसूल ने ही बीबम्बा को पास बुलाकर यह काम उसे सौंपा था। एक हफ़्ते तक अन्दर-ही-अन्दर मर्मांतक वेदना अनुभव करने के बाद उन्होंने यह निर्णय किया था।

अब जब सादुल को देख रही थी तो बीबम्बा को उस भालू की मौत बार-बार याद आ रही थी।

उन दिनों रसूल अपने भालू को लेकर मल्लारेड्डी पेट में रहता था। एक रात खूब ज़ोर से आँधी आई थी और पानी भी बरसने लगा था। हवा और पानी में उसका तम्बू उड़ गया। रसूल और भालू दोनों भींगकर गीले गोले बन गए थे। पास ही ग्रामदेवता यल्लम्मा का छोटा-सा मन्दिर था। आफ़त के मारे रसूल ने उस रात भालू के साथ उस मन्दिर में शरण ली। वह रात उसने मन्दिर में ही काटी।

सवेरे के झुटपुटे में मन्दिर की सफाई करने आई बूढ़ी वेंकटम्मा रसूल और उसके भालू को मन्दिर में देखकर बहुत बिगड़ी। रसूल ने

बहुत मिन्नत की कि झाड़-पोंछकर पूरे मन्दिर को वह खूब अच्छी तरह साफ़ कर देगा और इस बात को वेंकटम्मा अपने तक ही रखे। लेकिन वेंकटम्मा नहीं मानी। वह तुरन्त गाँव में गई और यह ख़बर फैला दी कि भालू के मल-मूत्र से मन्दिर अपवित्र हो गया है।

दो बरस से गौड़ जाति के लोगों के उस मन्दिर की व्यवस्था देखनेवाले जाति के मुखियाओं को वेंकटम्मा सुझाती आ रही थी कि मन्दिर की शुद्धि करवाई जाए...लेकिन वे लोग उसकी बात पर कान नहीं दे रहे थे। अब इस बहाने से ही सही, यह काम पूरा करवाने का जुनूनी इरादा लेकर वेंकटम्मा जाति के मुखियाओं के मन में किसी अनिष्ट का डर पैदा करने की कोशिश में लग गई।

ग़ुस्से से पागल जाति के मुखियाओं ने मन्दिर को अपवित्र करनेवाले रसूल को अपने यहाँ बुलवाया। रात में आँधी-तूफ़ान के मारे लाचार होकर मन्दिर में शरण लेने की बात कहकर रसूल ने क्षमा करने की विनती की।

"वजह चाहे कोई हो, अपराध अपराध ही है। दंड तो भोगना ही पड़ेगा...अब मन्दिर की शुद्धि करवाकर जलसा करना हो, तो क्या इसमें मामूली खर्चा आएगा? कौन भरेगा इसे?" मुखियाओं ने जवाब-तलब किया।

रसूल की सारी मिन्नतें बेकाई गईं। बहरे के आगे शंख बजानेवाली बात हो गई। उन लोगों ने रसूल पर हज़ार रुपए जुर्माना किया और यह भी ताक़ीद की कि जुर्माना भरे बग़ैर वह गाँव के बाहर क़दम न रखे। उस ज़माने में हज़ार रुपए का मतलब बहुत बड़ी रक़म होती थी। उतनी बड़ी रक़म चुकाने की औकात रसूल की नहीं थी।

रसूल ने मुखियाओं से मिन्नत की, उनके पैर पकड़े, आख़िरकार उन लोगों ने जुर्माना कम तो नहीं किया, पर यह रक़म चुकाने की तरकीब ज़रूर बताई। गाँव में अलग-अलग जातियों की तेरह संस्थाएँ थीं। जुर्माना करनेवालों ने ही सलाह दी कि उन सभी संस्थाओं के नाम पर अलग-अलग से वह खेल दिखाए और हर संस्था से कुछ पैसा वसूल करे। रसूल ने यही किया। गाँव भर के लोगों ने जब सुना कि गौड़ जाति

के लोगों ने रसूल पर जुर्माना किया है, तो जातियों की आपसी स्पर्धा के कारण दूसरी जाति के लोगों में उसके प्रति सहानुभूति उमड़ी। भालू का खेल दिखाने की बात सुनते ही उन जातियों-संगठनों ने अपनी सहमति दी और उदारता से उसे चन्दा देने लगे।

जुर्माना भरने के लिए मेरे पास पैसा नहीं है, सब लोग रहम करके चन्दा दें, यह मिन्नत अपने खेल के दौरान रसूल ने गली-कूचों, स्कूलों और दुकानों के सामने की। लोगों के घरों से भी उसने चन्दा इकट्ठा किया। जुर्माना होने की बात से शुरू में वह दुखी ज़रूर हुआ, लेकिन बाद में उसकी समझ में आ गया कि यह सौदा उसके लिए फ़ायदेमन्द ही साबित हो रहा है। जुर्माने के नाम पर वह एक महीने तक गाँव में ही बना रहा।

आख़िरकार जुर्माना पाटने के बाद रसूल के पास एक अच्छी-खासी रक़म बच गई। फिर जिस दिन वह गाँव छोड़कर जा रहा था, उसी दिन एक अप्रत्याशित घटना घटी। भालू को लेकर वह गाँव से जा रहा था कि एक कुत्ते ने उसका पीछा किया। भालू को देखकर कुत्तों का भड़कना और भौंकना तो रोज़ ही होता रहता था। इसलिए ऐसे शोर के लिए अभ्यस्त रसूल ने उसकी तरफ़ कोई ध्यान नहीं दिया। वह अपने रास्ते चलता रहा।

थोड़ी देर तक पीछा करने के बाद कुत्ते ने एकदम ऊपर कूदकर भालू को काट खाया और भाग गया। बहुत बाद में लोगों से पता चला कि वह एक पागल कुत्ता था।

रसूल को डर सताने लगा। वह जितनी सावधानियाँ बरत सकता था, वे सब उसने बरतीं। जड़ी-बूटियाँ कूटकर भालू को पिलाईं। डॉक्टरों को भी दिखाया। फिर भी जो होना था, वह होकर ही रहा।

दो महीने बाद एक दिन पूरे आकाश में काले बादल छाए हुए थे। रसूल के पीछे चलते-चलते भालू सहसा रुक गया। फिर आकाश की ओर मुँह उठाकर डरावने तरीक़े से गला फाड़कर चीख़ने लगा।

रसूल का दिल दहल गया। वह ठिठका और डरते-डरते उसने भालू की ओर देखा। उसे खेलने की हिदायत दी, तो वह खेल खेला नहीं। चलने के लिए कहा, तो वह वहीं अड़ा रहा और अजीब तरह से उछलने-कूदने लगा।

रसूल उसे घर ले गया और झोंपड़ी में उसे धकेलकर टट्टी अटका दी। भालू अन्दर चीख़ता-चिल्लाता और टट्टी को ज़ोर-ज़ोर से खुरचता रहा। धूप कुछ तेज़ होने तक उसका यही हाल रहा। फिर पूरी तरह शान्त हो गया। इतना शान्त कि रसूल को शक होने लगा कि अभी तक यहाँ जो भालू था, वह क्या यही है?

उसके बाद जब भी ठंड बढ़ जाती या आसमान में काले-काले बादल छा जाते, उसे पागलपन का दौरा पड़ता। किसी-किसी दिन गाँव में चलते हुए, खेल के बीच में, रास्ते में, लोगों के बीच हर कहीं पगलाए जानवर की तरह बर्ताव करने लगता।

रसूल ने कितनी ही छिपाने की कोशिश की, गाँव भर में बात फैल ही गई कि भालू पागल हो गया है। सब लोगों ने उसे चेतावनी दी। रसूल चाहे जितना इस बात से इनकार करके लोगों को तसल्ली देने की कोशिश करता, मुँह से लार टपकना, मैली आँखों का झुकी-झुकी रहना, लड़खड़ाते हुए चलना, जैसे लक्षण भालू के सामान्य न होनेवाली हालत का ही बयान करते थे।

उसके बाद भालू ने एक दिन कुत्ते को काट लिया। दूसरे दिन एक सूअर पर झपटकर उसे भी काट लिया। फिर एक दिन खेल खेलते-खेलते दोनों पिछले पैरों पर खड़ा हो गया और एक औरत से चिपट गया। ऐसा उसने पहले कभी नहीं किया था। दहशत के मारे वह औरत बेहोश ही हो गई।

मोहल्ले के लोग भड़क गए।

"किस्मत अच्छी थी, उसे कुछ हुआ नहीं। काट लेता तो क्या नहीं होता! किसी दिन यह ज़रूर आफ़त मचाएगा। मार ही डालना चाहिए इसे।" यह कहकर लोगों ने लाठियों से उस पर हमला किया।

भालू थोड़ी देर तक मुक़ाबला करता रहा। फिर वहाँ से भाग खड़ा हुआ। लोगों ने रसूल को कड़ी चेतावनी दी।

रसूल उस दिन पूरे समय बैठकर रोता रहा। झोंपड़ी में भालू अजीब तरह से घूमता और घुरघुराता रहा। हफ़्ते भर तो रसूल ने उसे बाहर नहीं निकाला। वक़्त पर दाना-पानी देते हुए उसे झोंपड़ी में ही रखा। उन सात दिनों में भालू की चिन्ता के मारे दुबला होकर वह आधा ही रह गया।

हफ़्ते भर बाद एक निश्चय पर पहुँचकर उसने भालू को बाहर निकाला और उसकी तरफ़ ध्यान से देखा। उसकी अजीब-सी सूरत हो गई थी। उसका पागलपन और बढ़ गया था। रसूल ने उसे पेट-भर मकई का दलिया मिला मट्ठा पिला दिया। दिल को पत्थर करके उसने बीबम्मा को पास बुलाया और गीली कथरी से भालू को ढक देने की हिदायत देकर बाहर निकल गया।

रसूल की बात सुनते ही पूरे घर में चीख़-पुकार मच गई। शोकार्त लोग एक-दूसरे से लिपटकर ज़ोर-ज़ोर से रोने लगे। रोते-रोते ही बीबम्मा ने एक पुरानी कथरी को पानी में भिगोया। फिर बहुत भारी क़दमों से वह भालू की ओर बढ़ी। गीली कथरी को दोनों हाथों से उठाकर उसने पकड़ा तो जिस तरह गीली कथरी से पानी बूँद-बूँद गिर रहा था, उसी तरह उसकी आँखों से टप-पट पानी गिर रहा था।

रोती-बिसूरती बीबम्मा ने भालू को ढकते हुए कथरी उस पर डाल दी। पाँच-दस मिनट बाद भालू ऐसे छटपटाने लगा जैसे बन्दूक़ की गोली खाया हुआ कोई हिरण का बच्चा हो। वह दृश्य देखा नहीं गया तो सब लोगों ने आँखें बन्द कर लीं। लेकिन बीबम्मा ने यह नहीं किया। पाप का ऐसा काम करना पड़ा, इसके लिए वह अपने हाथों को कोसती रही और यह कामना करती रही कि इस जन्म में फिर कभी किसी भालू की मौत को आँखों से न देखूँ।

अब सादुल को देख रही थी, तो वही मौत उसकी आँखों में नाच रही थी। सादुल में वह अपने बेटे को देखती थी। उसकी चाल में बच्चे

के लड़खड़ाते पैरों को और उसके चेहरे पर उसके शैशव को देखती थी। चाँद और सादुल को अलग करके देखने का उसका मन नहीं होता था।

इसीलिए वह इमाम की राय से सहमत नहीं हो सकी। इमाम ने जिस तरह उसे उसकी तक़दीर पर छोड़ दिया था, उस तरह वह छोड़ नहीं सकती थी। उसे मायके के पास की मस्जिद याद आ गई। मस्जिद के पास रहनेवाला फ़क़ीर याद आ गया। बच्चों को बुख़ार-वुख़ार आता, तो वह आग में कोई दवाई डालकर उसका धुआँ सुँघाता या ताबीज़ बाँधता था।

बीबम्मा ने इमाम से बात की। लेकिन इमाम ने कोई दिलचस्पी नहीं दिखाई। चाँद को एक कन्धे पर और नन्हे-से सादुल को दूसरे कन्धे पर लेकर बिना किसी को बताए वह निकल पड़ी।

बारिश का मौसम था। आकाश बादलों से लदा हुआ था और बूँदाबाँदी शुरू हो चुकी थी। सादुल को देखकर किसी ने बीबम्मा को बस में चढ़ने नहीं दिया। सो वह पैदल ही चल पड़ी। सवेरे की चली-चली वह दिन डूबने से पहले मायके नहीं पहुँच सकी। पहुँची, तो तीनों सिर से पाँव तक भीग गए थे। नतीजा यह हुआ कि चाँद को बुख़ार चढ़ा। सर्दी से वह काँप रहा था। सादुल भी सिकुड़-सा गया था।

बीबम्मा की माँ को यह सब पागलपन-सा लगा।

"तेरा दिमाग़ ख़राब हो गया है? ऐसी बारिश में बच्चे को मारना चाहती है? भाड़ में जाए तेरा भालू! बेचारे बच्चे को बीमार कर दिया!" वह झुँझलाई।

चाँद को घर में छोड़कर बीबम्मा सादुल को लेकर मस्जिद चली गई। वहाँ सादुल को देखकर फ़क़ीर ज़ोर से हँस पड़ा।

"छोटे बच्चों पर ही यह काम करता है...बिलकुल छोटे बच्चों पर।" उसने कहा।

"हमारा सादुल भी छोटा बच्चा ही तो है! अभी साल भर का नहीं हुआ।" भोली बीबम्मा बोली।

उससे पीछा छुड़ाने के लिए फ़क़ीर ने एक दवाई दी। बीबम्मा बहुत ही आश्वस्त भाव से सादुल को लेकर घर लौट आई।

उसने देखा कि चाँद का बुख़ार और तेज़ हो गया है। इमाम भी बिगड़ा। लेकिन बीबम्मा घबराई नहीं।

"इसका क्या, चार घूँट दूध ज़्यादा पिला दूँगी, तो बुख़ार-वुख़ार सब ठीक हो जाएगा। न हुआ, तो दो गोलियाँ हलक़ में डाल दूँगी। लेकिन सादुल को कैसे बचा लूँ?" वह तड़प उठी।

जिस किसी ने जो भी कहा, वह सब बीबम्मा ने सादुल के लिए किया। जहाँ कहीं भी मज़दूरी करने गई, सादुल की बीमारी के इलाज के बारे में ही पूछती रही। उसकी छटपटाहट को देखकर सबने यही समझा कि सादुल का मतलब उसके बेटे से ही होगा।

एक बार एक बुढ़िया ने, जिसे भूतावेश आता था और जिसने यही सोचा था कि सादुल उसका बेटा है, कहा, "रात को ले आना। तिलक लगाऊँगी। बीमारी-वीमारी सब ग़ायब हो जाएगी।"

सादुल को आँचल में छिपाकर रात के वक़्त बीबम्मा गई। बुढ़िया तब तक आवेश में आ चुकी थी और वहाँ इकट्ठा लोगों को तिलक लगा रही थी। बुढ़िया के सामने बैठकर बीबम्मा ने आँचल हटाया। सादुल बीबम्मा की गोद में से बुढ़िया के ऊपर झपटा। जाने उसका आवेश कहाँ गया और उसका देवता कहाँ गया, कि बुढ़िया ताबड़तोड़ घर के अन्दर भागी। ऐसा वहाँ कोई नहीं था, जिसने बीबम्मा को भला-बुरा न कहा हो।

सादुल बीमार है, यह सोचकर वह उसके थूथन पर बेल्ट भी नहीं कसती थी। एक बार अपनी बस्ती के डॉक्टर के पास उसे ले गई, तो वह डॉक्टर के ऊपर कूद पड़ा और लगभग काटने-जैसी हालत पैदा कर दी।

"हरामी, किसने तुझे इसे लाने को कहा था?" डॉक्टर ने बीबम्मा को डाँटकर बाहर निकाल दिया था।

सादुल और चाँद दोनों का बीबम्मा बराबर ख़याल रखती थी। दोनों एक ही जगह खेलते थे। चाँद को जब वह घुट्टी पिलाती थी

तब सादुल को मक्की का दलियावाला मट्ठा पिलाती थी। जब चाँद को नहलाती थी, तब सादुल को भी नहलाती थी। जब कुछ खिलाना होता था, तभी थूथन की बेल्ट वे लोग खोलते थे और फिर फ़ौरन कस देते थे। पैर के नाख़ूनों को भी बड़े होने से पहले साफ़ कर देते थे।

कुछ दिन में सादुल बीमारी से उबर आया। झड़े हुए बाल फिर आ गए। उसने जंगल की अपनी आदतें छोड़ दीं। उसके देखने-करने में फ़र्क़ आ गया। चलने-फिरने में भी बदला हुआ लगा। बच्चे की तरह कूद-फाँद करने लगा। धरती पर लोटनियाँ लेने लगा। आदमियों के खाने का भी वह आदी होता गया।

अब इमाम ने सोचा कि उसे खेल सिखाए जाएँ। वह जानता था कि भालू और बड़ा हो गया, तो कहा मानेगा नहीं। उसने 'खड़े!' कहते ही पिछली टाँगों पर खड़ा होना सिखा दिया। इसे सीखने में सादुल को बहुत मार खानी पड़ी। थूथन पर इमाम छड़ी से मारता तो बीबम्मा तड़प उठती। वह इमाम को बरजती।

लेकिन इमाम छोड़ता नहीं था। सादुल को वह दूर ले जाता। पेड़ के नीचे बैठकर उसे सिखाता। 'चल!' कहने पर पिछली टाँगों पर खड़े होकर चलना भी उसने सीख लिया। 'पकड़ो!' कहकर छड़ी फेंकते ही उसे पकड़ना भी वह सीख गया।

सवेरे उठकर इमाम नहाता और अल्लाह को याद करता। अपने पिता से दुआ माँगता। सादुल को नहलाता। दलियावाला मट्ठा पिलाता। फिर हाथ में बेंत लिये उसे लेकर बाहर निकल जाता।

"धीरे-धीरे खेल सीख लेगा। मारो मत उसे! थूथन में तो उसकी जान बसती है। एक बेर तुम अपनी नाक पर मारकर देख लो, कितना दरद होता है, मालूम पड़ जाएगा।" बीबम्मा रोज़ ही कहती।

दाढ़ी सहलाता और कुछ सोचता हुआ इमाम बाहर हो जाता। सवेरे एक घंटे तक वह खेल सिखाता। सिखाए हुए खेलों की चाँदनी

रातों में प्रैक्टिस कराता। चाँदनी में सादुल अपने रंग में होता। वह उमंग से खेलता और छलाँगें मारता।

छह महीने बीत गए। इन छह महीनों में इमाम गुरु बना था, तो सादुल चेला। इमाम के हाथ में बेंत नाचती रहती। सादुल उसके कहे अनुसार सब करता। वह ऐसे दिखता जैसे स्कूल जाकर मन लगाकर पढ़नेवाला कोई विद्यार्थी हो और इमाम उसको सच्चे अनुशासन में रखनेवाला कोई गुरु।

चाँद अभी अच्छी तरह चलना तक नहीं सीख पाया था कि सादुल ने सारे खेल सीख लिये थे।

पिछली टाँगों पर चलना, करतब दिखाना, कलाबाज़ियाँ खाना, नाचना सब उसने सीख लिया था। बस सिर्फ़ एक खेल रह गया था। वह था मुँह में तावीज़ रख देने पर फूँक मारकर उसे बाहर उछालना।

हिन्दू समाज कई पशु-पक्षियों को किसी देवी या देवता के वाहन, सहायक या अन्य किसी रूप में देखता है और उनका सम्मान करता है। उन लोगों के लिए भालू त्रेतायुग में राम का मंत्री और द्वापरयुग में कृष्ण के साथ हुए द्वन्द्व युद्ध में हारने के बाद अपनी पुत्री जाम्बवती के साथ रोज़ सोना देने और संकटों से रक्षा करने की शक्ति रखनेवाली स्यमंतक मणि अर्पित करनेवाले जाम्बवान का प्रतिरूप और शक्ति का प्रतीक है। इसी कारण मज़बूत पकड़ के लिए 'भल्लूक की पकड़'-जैसा मुहावरा तेलुगुभाषी समाज में प्रचलित हो गया है। भालू की पकड़ में आया हुआ आदमी बहुत मुश्किल से ही बच पाता है और बच निकलने पर भी बुरी तरह नुच चुका होता है। ऐसे भालू के बाल से बना तावीज़ बाँधने से बच्चे स्वस्थ एवं बलवान बनेंगे, ऐसा विश्वासी लोग मानते हैं और बच्चों को यह तावीज़ बँधवाते हैं।

इमाम पहले तावीज़ को भालू के मुँह में रख देता। भालू को फूँक मारकर उसे बच्चे के ऊपर उछाल देना होता है। ऐसा करने से तावीज़ की माँग होती है। यह खेल न आए तो गुज़ारा होना मुश्किल है।

यह खेल सिखाने के लिए शुरू में इमाम ने कड़वी निंबौरियों और कसैले आँवलों का इस्तेमाल किया। उसने सोचा कि मुँह में कड़वा लगने से सादुल उन्हें थूक देगा। लेकिन वह उनको चबा जाता था। फूँक के साथ तावीज़ को निशाने पर उछालने का यह खेल सीखने में सादुल को बहुत बार मार खानी पड़ी। लेकिन उसे थूक देने का अभ्यास नहीं हुआ।

अन्त में इमाम ने हरी मिर्च के टुकड़ों का इस्तेमाल किया। सादुल मिर्च के चरपरेपन को बर्दाश्त नहीं कर सका। उसे थूक देना उसने सीख लिया। इस तरह दो महीने और बीत गए। इन दो महीनों में सादुल फूँक के साथ तावीज़ को निशाने पर उछालना सीख गया। तावीज़ को उसके मुँह में रखकर इमाम खड़ा हो जाता, तो वह ऊपर सही जगह पर उसे उछाल देता। इमाम हवा में ही उसे थामकर बच्चे को बाँध देता।

चाँद और सादुल एक साथ खेलते थे। चाँद के साथ खेलते समय सादुल उसी–जैसा हो जाता। जब बीबम्मा के पास होता, तब गोद के बच्चे में तब्दील हो जाता। लेकिन जब इमाम के साथ चलता, तो परिवार का सारा बोझ सिर पर उठा लेता।

खेल सिखाने के बाद एक दिन इमाम गाँव में निकल पड़ा। उसने पहले अपने ही गाँव में खेल दिखाने की सोची। अब तक भालू घर और घर के आसपास ही डोलता रहा था। बाहर क़दम नहीं रखा था।

इमाम ने कोट पहना। सिल्क की लुंगी ऊपर को तह करके बाँध ली। भालू को दलियावाला मट्ठा देकर ख़ुद कुछ खा लिया, थूथन पर बेल्ट कसी और उसके गले में सूत की रस्सी बाँधकर दूसरे सिरे को अपने हाथ में थाम लिया। उसके दूसरे हाथ में बेंत थी।

इमाम आगे और सादुल पीछे, दोनों निकल पड़े। जिस हाथ में इमाम ने रस्सी पकड़ी हुई थी, उसमें तावीज़ें भी थीं। ज्यों ही वह घर से निकलकर गली में आया, कुत्ते भालू के पीछे पड़ गए।

भालू डरा। इधर से उधर और उधर से इधर वह भागता रहा। सूती रस्सी को हाथ में मज़बूती से पकड़े इमाम कुत्तों को भगाते हुए आगे न बढ़कर सादुल को बार-बार पीछे को ही खींचता रहा।

"अरे, तू भी कैसा भालू है! कुत्तों से डरने लगा! चार-पाँच दिन में आदत पड़ जाएगी। नया-नया देख रहा है न!" कहते हुए इमाम ने उसे ज़ोर से खींचा।

गरदन के पास से रस्सी 'पट' से टूट गई। पीछे को गिरते-गिरते इमाम सँभला। दो छलाँग में पत्थरों के चट्टे पर से कूदकर भालू भाग पड़ा। ज्यों ही वह भागा, कुत्ते उसे खदेड़ने लगे।

"अरे बदमासो, उसके पीछे पड़ गए, उसके थूथन पर बेल्ट है, इसीलिए तुम्हारी ख़ैर है, नहीं तो तुम लोगों को काटकर टुकड़े-टुकड़े कर देता।" कहता हुआ इमाम भालू के पीछे दौड़ने लगा।

लेकिन इमाम भालू को पा नहीं सका। कुत्ते खदेड़ रहे थे और भालू दौड़ा चला जा रहा था। देखते-देखते वह गाँव से बाहर हो गया। उसके गाँव से बाहर होने तक कुत्तों ने पीछा करना नहीं छोड़ा।

क्या करे, यह इमाम की समझ में नहीं आया। कुछ दूर वह दौड़ता रहा। 'खड़े-खड़े' वह चिल्लाता रहा। 'सादुल, अरे सादुल, रुक जा, रुक जा' पुकारता रहा। वह चाहे जितना चीख़ता रहा, सादुल रुका नहीं। कुत्तों के भौंकने की आवाज़ में इमाम की पुकार डूब गई।

ख़ुद उसकी आँखों के सामने सादुल का ग़ायब हो जाना इमाम की बर्दाश्त के बाहर की बात थी। मेले में बेटा खोए आदमी-जैसी उसकी हालत हो गई। खाना-पीना छोड़कर पूरे जंगल का चप्पा-चप्पा वह छानता रहा। जाने किसने जाकर बीबम्मा को बता दिया था, चाँद को गोद में लेकर वह भी जंगल में आ गई। दोनों ने सादुल के पैरों के निशान ढूँढ़ने की कोशिश की। लेकिन उनका कहीं पता नहीं चला। पेड़-पत्थर सब जगह, जहाँ-जहाँ उसके मिलने की उम्मीद थी, उन सब जगहों में दोनों ने ढूँढ़ा पर सादुल नहीं मिला।

"हमसे इतना ही नाता था। अपने घर चला गया है वह। चलो, कोई दूसरा ले आएँगे। जंगल ख़ाली तो नहीं हो गया है न!" ढूँढ़-ढूँढ़कर थकी-हारी बीबम्मा ने इमाम को तसल्ली देने के लिए कहा।

इमाम की आँखों में आँसू थे। उसकी आँखों में बीबम्मा ने पहले कभी आँसू नहीं देखे थे।

"मुझे अफ़सोस इस बात का नहीं है री...जो हम चाहते हैं, वही हमेशा होता तो नहीं है न?...गया तो गया, लेकिन उसके थूथन पर चमड़े की बेल्ट बँधी है भाई! भूख-प्यास से तड़प-तड़पकर मर जाएगा। मेरा डर यह है। उसकी हाय हमें लगेगी। कहते हैं न कि पेट के जाये से ज़्यादा प्यार उससे होता है जिसे आदमी पालता है!" इमाम ने कहा।

बीबम्मा का कलेजा टूक-टूक हो गया। सादुल का मासूम चेहरा उसकी आँखों के सामने घूम गया। चाँद के साथ ही उसकी छाती की तरफ़ उमगकर दूध पीता सादुल याद आया, तो उसका माँ का कलेजा डोलने लगा। पूरी रात सादुल को ढूँढ़ने के बाद पौ फटने से पहले दोनों घर लौट आए। उस दिन घर में चूल्हा नहीं जला। दोनों अपने-अपने कोने में सिकुड़कर लेट गए। बेटे के रोने की भी बीबम्मा ने परवाह नहीं की।

दोनों को पक्का विश्वास हो गया कि सादुल अब बचेगा नहीं। पूरे जंगल में घूमकर वह अपनी माँ के पास पहुँच भी जाए, तब भी माँ उसे अपने पास रहने नहीं देगी। आदमियों के बीच रहे बच्चे को वह अपने पास फटकने नहीं देती। थूथन मार-मारकर उसे ख़त्म कर देती है।

इन सब बातों की कल्पना के बाद बीबम्मा अपना ग़ुस्सा रोक न सकी। वह पति पर टूटी, "तुम भी कैसे नाकारा हो! कुत्ते पीछे पड़ गए, तो उसे छोड़ दिया! कुत्तों तक को नहीं भगा सके? नाहक उसकी जान ले ली।" वह भभकी।

गाँव-भर में बात फैल गई कि इमाम का भालू भाग गया है। उसको लेकर इमाम और बीबम्मा कितने मायूस हो रहे हैं, यह देखकर

लोगों को रहम आया। किसानों ने अपने-अपने खेतों के आसपास भालू को ढूँढ़ा।

अगले दिन एक किसान अपने एक फुट्टैल छोटे बछड़े को जंगल में ढूँढ़ रहा था कि एक पुराने अन्धे कुएँ के पास भालू का बच्चा उसे दिखाई पड़ा। वह इमाम के पास आया और इस शर्त पर भालू का पता देने की बात कही कि सात दिन मियाँ-बीवी उसके खेत में धान की कटाई कर देंगे। इमाम की ख़ुशी का ठिकाना नहीं रहा। उसने कहा, "सात दिन की क्या बात, दस दिन कटाई़ कर देंगे।"

इमाम से वादा लेकर किसान ने उसे भालू का ठिकाना बता दिया। बात सुनते ही दोनों एकदम दौड़ पड़े।

पुराने अन्धे कुएँ के पास घने पेड़ हैं। सादुल झाड़ियों में दुबका पड़ा था। 'गुर्र-गुर्र' कर रहा था। झाड़ी के एक तऱफ़ बीबम्मा खड़ी हो गई। दूसरी तऱफ़ इमाम खड़ा हो गया। भालू को देखकर दोनों ख़ुशी से फूल उठे। किसी भी तरह उसे घर ले जाने की उतावली दोनों में बढ़ने लगी।

झाड़ी के पास जाकर 'सादुल!' इमाम ने पुकारा। सादुल ने सिर उठाकर देखा। दोनों ने सोचा कि बिदककर भाग खड़ा होगा। भाग खड़ा होगा, तो क्या करना चाहिए, इसको लेकर भी दोनों ने आपस में सलाह कर ली थी। लेकिन सादुल भागा नहीं। कराहता-कराहता झाड़ी में से निकलकर इमाम के पास चला आया।

इमाम रुआँसा हो गया। उसने उसे उठाकर छाती से लगाया और कहा, "अरे बेटा सादुल...तुझे कितनी तकलीफ़ हो गई है रे... !" भालू को हाथों में लेकर बीबम्मा रो पड़ी। उस वक़्त उसे उतना ही सकून मिला जितना उसे अपने बेटे चाँद को उठा लेने से मिलता।

वादे के मुताबिक़ झुलसाती धूप में मियाँ-बीवी दोनों धान की कटाई करने गए। ऊपर से दस दिन और मजूरी करके सादुल के लिए मकई इकट्ठी की। एक किसान के घर रोज़ हरी घास का गट्ठर पहुँचाने की शर्त पर बीबम्मा ने रोज़ाना कुछ दूध का इन्तज़ाम कर लिया।

सादुल को भला-चंगा होकर घूमने-फिरने में एक महीने से ज़्यादा ही लग गया।

पूरे एक महीने में बीबम्मा ने सादुल की दूध पीते बच्चे से भी ज़्यादा देखभाल की। एक तरफ़ बेटे चाँद को लिटा लेती थी, तो दूसरी ओर सादुल को। सादुल को फिर से पाने के लिए जितनी मन्नतें उसने मानी थीं, वे सब उसने उतारीं।

पाँच साल की उम्र में एक बार सादुल बीमार पड़ गया। बीमारी क्या है, इसका पता नहीं लगा। इमाम ने जड़ी-बूटियाँ कूटकर पिलाईं। आराम नहीं हुआ। सादुल मट्‌ठा छूता तक नहीं था। उठकर चलता नहीं था। वैद्य ने कहा, साँप की केंचुल चाहिए। उसकी तलाश में मियाँ-बीवी ने नदी-नाले, झाड़-झंखाड़, सब छान मारे।

झुलसाती धूप का मौसम। ऐसे में साँप बाँबी के भीतर ही छिपे रहते हैं। दो दिन ढूँढ़कर बीबम्मा ही कहीं से केंचुल ले आई। उससे बनी दवाई ने काम किया। हफ़्ते-भर, में सादुल ठीक हो गया।

सादुल और चाँद लगभग दस साल के हो गए। चाँद सादुल पर चढ़कर घुड़सवारी के मज़े लेता। उन दिनों बहुत भारी अकाल पड़ा हुआ था। उस संकट काल में भी सादुल परिवार का आसरा बना रहा। वह जो करतब दिखाता, सब मुँह बाये देखते रह जाते।

अकाल के दिनों में गाँवों में दाना-पानी मिलना मुश्किल है, यह देखकर इमाम स्कूलों के चक्कर लगाने लगा। बच्चे जैसा चाहते, सादुल वैसा ही खेल दिखाता। चवन्नी-अठन्नी का इनाम मिलता, तो सबका पेट भरता।

सादुल और चाँद दोनों में छोटी-छोटी तकरारें होती रहतीं। चाँद शिकायत करता कि सादुल ने उसे थूथन मारा है, नीचे गिरा दिया है, काटा है, नोचा है। मियाँ-बीवी को ये शिकायतें छोटे बच्चों की आपसी तकरार-जैसी लगतीं। सादुल के आने से पहले बहुत दिन ऐसे गुज़रे हैं, जब उनको पेट बाँधकर सोना पड़ा था। लेकिन सादुल के खेल सीखने

के बाद एक भी ऐसा दिन नहीं आया। सादुल को साथ लेकर इमाम दो गलियों में घूम आता, तो गुज़ारे लायक़ मिल जाता। चार तावीज़ें बेच लेता तो ज़रूरत-भर के पैसे मिल जाते।

इमाम इस तरह पुरानी बातों को याद कर रहा था कि ''अब्बू...ओ अब्बू!'' की चाँद की पुकार पर वह चौंका और सावधान हो गया। चारपाई से उठकर उसने बेटे की ओर देखा। चाँद एक आदमी की लम्बाई-भर गहरे गड्ढे में से बाहर निकल आया। आकर उसने एक बार फिर अपने अब्बू को पुकारा।

इमाम ने कोई जवाब नहीं दिया। वह उठकर बैठ गया। तुरन्त ही उसकी नज़रें बीबम्मा को ढूँढ़ने लगीं। वह दरवाज़े पर आँचल बिछाकर लेटी थी। हलके खर्राटे से मालूम पड़ता था कि वह सो रही है। इमाम को ग़ुस्सा आया। ग़ुस्से के साथ-साथ तकलीफ़ भी हुई।

'पिच' करके उसने नीचे थूका और बड़बड़ाता हुआ-सा बोला, ''थू! तेरी माँ...ऐसे में तुझे नींद आ कैसे गई री!''

फावड़ा और कुदाल नीचे फेंककर चाँद पिता के पास आ गया। बेटे को देखा, तो इमाम को डर-सा लगने लगा। बेटा उसको कोई जान का गाहक मालूम पड़ रहा था।

''अम्मी!'' चाँद ने माँ को पुकारा।

''आँऽऽ!'' कहती हुई बीबम्मा उठ बैठी।

''अब क्या करें?'' चाँद ने पूछा।

''क्या करेंगे?'' बीबम्मा ने भी पूछा।

माँ-बेटे में कुछ फुसफुस हो रही है। चाँद का बदन पसीना उगल रहा है। चाँदनी में उसका चेहरा काफ़ी बिगड़ा हुआ लग रहा है। उसके चेहरे पर ऐसा भाव है जैसे चेतावनी दे रहा हो कि जैसा कहता हूँ वैसा करोगे, तो ठीक! वरना मैं हर बात के लिए तैयार हूँ। बीबम्मा उसकी हर बात पर सहमति में ऐसे सिर हिला रही है जैसे वह बेटे के मन के इस भाव को समझ गई हो।

चारपाई के नीचे सादुल 'गुर्र-गुर्र' कर रहा है। इमाम जानता है कि उसने जो भात उसे खिलाया है, वह उसका पेट भरने के लिए क़तई काफ़ी नहीं है और भूख उसे सता रही है। बीस साल तक जिसने उनका पेट भरा है, वही आज भूखा है। उनकी जीविका के लिए इतने बरस जो ज़िन्दा रहा है, वह उनकी जीविका के लिए ही आज मर रहा है। यह विचार मन में उठते ही इमाम विचलित हो उठा।

बाप के जवाब का इंतज़ार किए बिना ही लाठी हाथ में लेकर चाँद ने चारपाई के नीचे से भालू को खदेड़ा। दो बार मार पड़ते ही वह बाहर आ गया। रात से वह भी उदास है, जैसे किसी विपत्ति का उसे भान हो गया हो।

बीबम्मा पहले जहाँ सोई थी, वहीं खड़ी हो गई। इमाम जहाँ लेटा था, वहीं बैठा रहा। बाहर निकले हुए सादुल ने फिर से चारपाई के नीचे घुसने की कोशिश की। चाँद ने उसकी कोशिश को चलने नहीं दिया। उसके गले में लिपटी रस्सी उसने खोली और खींचकर पकड़ लिया।

सादुल खींचतान करता रहा। पर चाँद ने उसे छोड़ा नहीं। वह उसे गड्ढे के पास खींच ले गया। अफ़रा-तफ़री में उसने यह नहीं देखा कि थूथन पर बेल्ट कसी नहीं है। भात खिलाते वक़्त इमाम ने वह खोल दी थी। हमेशा ही वह उसके खाते ही मुँह पर बेल्ट कस देता था। लेकिन आज उसे यह करने का मन नहीं हुआ था।

पूरी ताक़त से विरोध करते सादुल को चाँद गड्ढे के पास खींच ले गया। वहाँ वह कुछ पल रुका। सादुल के साथ घुला-मिला अपना जीवन या बचपन याद आ जाने से नहीं। उस क्षण सादुल उसे उस रूप में दिखाई भी नहीं पड़ा। एक जंगली जानवर से अधिक वह उसे नहीं लगा। किस तरह धकियाने से वह सीधे गड्ढे में गिरेगा, इस हिकमत पर ही उसका दिमाग़ लगा हुआ था। बस!

चारपाई पर बैठे इमाम की जान सूखती जा रही थी। उसने बेटे को रोकना चाहा। पर साहस नहीं हुआ। कम-से-कम बीबम्मा से ही सही

कुछ कहने को उसका मन हुआ। लेकिन उसे घिन हुई। 'पेट जाये बच्चे की तरह इसे पाला...आज अपनी ही आँखों के सामने मरवा रही है! छि:! यह भी कोई औरत है! कल कोई कुछ लालच दिलाए तो मुझे भी मरवा देगी।' उसने मन में कहा।

इमाम से उधर देखा नहीं जा रहा था। बग़ैर देखे भी वह रह नहीं पा रहा था। लेकिन बीबम्मा तो बुत बनी खड़ी थी।

चाँद ने भालू को ज़ोर से गड्ढे की तरफ़ धकेला। भालू ने गड्ढे के दूसरी तरफ़ को छलाँग लगा दी। उधर से धक्का दिया, तो इधर को कूद गया। खेला हुआ जानवर था। उसे एक करतब की तरह करता रहा। दो-चार असफल प्रयासों के बाद चाँद को ग़ुस्सा आ गया। भालू के गले की रस्सी को खींचकर उसने पैर के नीचे दबा लिया और पगलाए आदमी की तरह उसे धकियाने लगा।

"चाँद, नहीं रे..." इमाम बुदबुदाने लगा।

"बेटा...सँभलकर...पैर न फिसले..." बीबम्मा उसे सावधान कर रही थी।

चाँद हाँफने लगा था। खेल की तरह आरम्भ हुए उपक्रम ने संघर्ष का रूप ले लिया। शुरू में गड्ढे में गिरने से बचने तक को ही अपना काम समझे बैठा भालू अब प्रतिरोध करने पर उतर आया था। चाँद का ग़ुस्सा आसमान को छूने लगा। हाथ की रस्सी से उसकी पीठ पर ज़ोर से उसने मारा। भालू 'गुर्र-गुर्र' करने लगा।

ग़ुस्से में चाँद पिता के पास आया।

"अब्बू, तुम जाओ, उस सैतान को मारो!" उसने कहा।

इमाम ने कोई जवाब नहीं दिया। चाँद ने एक बार फिर कहा।

बीबम्मा ने भी कहा, "जाओ न...जाओ!"

इमाम ने जलती आँखों से उसकी तरफ़ देखा। गड्ढे के पास जाकर चाँद ने ग़ुस्से से एक बार फिर भालू को धक्का दिया। इस बार भारी-भरकम सादुल ने प्रतिरोध ही नहीं, एकदम प्रत्याक्रमण ही कर दिया।

मुँह खोलकर उसने चाँद को पकड़ लिया। फिर उसके ऊपर चढ़ने लगा। पशु-मन की कार्यप्रणाली भी बहुत-कुछ मनुष्य-जैसी ही जो होती है!

"हाय अल्ला...बेटा मर गया रे...!" कहती हुई बीबम्मा आगे को दौड़ पड़ी।

हुआ क्या है, यह शुरू में इमाम की समझ में नहीं आया। जब तक समझ में आया, तब तक चाँद नीचे गिर चुका था और सादुल उसके ऊपर सवार हो गया था। वह ग़ुस्से में 'गुर्र-गुर्र' कर रहा था और चाँद चीख़े जा रहा था।

इमाम का दिल दहल गया। झपटकर वह चाँद के पास पहुँच गया।

"सादुल!" वह ज़ोर से चीख़ा। पहले ही वहाँ पहुँची हुई बीबम्मा भिड़ते हुए दो बेटों को अलग करनेवाली माँ की तरह सादुल के बाल पकड़कर खींच रही थी।

"सादुल!" सुनते ही सादुल उठकर बैठ गया। नीचे गिरा पड़ा चाँद भी खड़ा हो गया। बग़ल में पड़े मोटे डंडे पर उसकी नज़र गई। उसने डंडा हाथ में ले लिया और पागल की तरह सादुल को पीटने लगा।

"मार सैतान को...!" बीबम्मा कह रही थी।

सादुल भागकर इमाम के पास आ गया। क्या किया जाए यह इमाम की समझ में नहीं आया।

"रुक रे रुक...रुक!" चीख़कर वह रोकने लगा।

चाँद सुन नहीं रहा था। वह गालियाँ बके जा रहा था और उसे पीटे जा रहा था। हर चोट पर सादुल मुँह उठाकर चिल्ला रहा था और इमाम के चारों ओर घूम रहा था। उसकी चीख़-पुकार जब सही नहीं गई, तो इमाम ने सामने जाकर चाँद के हाथ से डंडा खींच लेने की कोशिश की।

तभी डंडे का भरपूर वार इमाम के कन्धे पर पड़ा। वह वार अगर खोपड़ी पर पड़ता, तो वह वहीं ढेर हो जाता। ज़ोर से "या अल्लाह!"

कहता हुआ इमाम गिर पड़ा। इमाम को गिरते देखकर सादुल एकदम रुक गया। पैर जमाकर उसने देखा और पीछे को मुड़ गया। उसकी आँखें लाल हुईं। वह ऐसे बेटे की तरह उबल पड़ा जिसकी आँखों के ही सामने उसके पिता पर किसी ने वार किया हो।

गुर्राते और गरजते हुए वह पिछली टाँगों पर एकदम सीधा खड़ा हो गया और चाँद पर कूद पड़ा। उसके हमले से चाँद लड़खड़ाकर गिर पड़ा। पहली बार जब उसने हमला किया था, तब सादुल ने काटा-नोचा नहीं था। लेकिन अब वह अपने ग़ुस्से पर क़ाबू नहीं रख सका।

मुँह खोलकर उसने चाँद का गला पकड़ लिया। चाँद प्राणभय से चीख़ने-चिल्लाने लगा। क्षणभर की भी देर होती, तो चाँद का गला कट ही जाता। फ़ौरन उठकर इमाम ने सादुल के बाल पकड़कर खींचा, तो बहुत बड़ा हादसा होते-होते बचा।

चाँद काँपता हुआ उठकर खड़ा हो गया। बीबम्मा रोती हुई बेटे के पूरे बदन को टोह-टोहकर देखने लगी। सादुल उठकर 'गुर्र-गुर्र' करता हुआ इमाम की बग़ल में आकर खड़ा हो गया।

अब वहाँ दो गुट बन गए थे।

रोकती माँ को परे धकेलकर चाँद घर के भीतर दौड़ गया। थोड़ी ही देर में वह एक रस्सी के साथ बाहर आ गया। पिता के सामने वह आकर खड़ा हो गया और आवेश में बोला, "तुमने मुझे मारने की साज़िश की। तुम नहीं चाहते कि मैं ज़िन्दा रहूँ। इसीलिए इसके थूथन पर तुमने बेल्ट नहीं बाँधी। तुम क्यों मारो मुझे, लो, मैं ही मर जाता हूँ।" कहता हुआ रस्सी लेकर वह तेज़ी से बाहर निकलने लगा।

माँ ने उसे रोकने की कोशिश की। वह नहीं रुका। इमाम ने पलटकर उसके हाथ से रस्सी खींच ली। पगलाए आदमी की तरह देखते हुए चाँद ने कहा, "उसे मारोगे, या मुझे मारोगे, फ़ैसला करके बताओ। फ़ैसला तुम्हारे हाथ में है।"

बीबम्मा ज़ोर-ज़ोर से रोने लगी। भालू और इमाम को शाप देने लगी, "नास हो तुम्हारा...मेरे बेटे को ज़िन्दा नहीं देखना चाहते...दोनों मिलकर उसे मारेंगे..." इमाम के हृदय में क्रोध और शोक का ज्वार-सा उठा। बीबम्मा की ओर उसने आँखें लाल करके देखा। उस नज़र की तेज़ी को देखकर बीबम्मा चुप हो गई।

"अरी सैतान, मैंने किया क्या है री...मैंने इससे काटने को कहा था क्या? या उसे मरने को कहा था? जो भी तुम लोग कर रहे हो, उस पर जबान भी खोलता हूँ मैं?..." इमाम ने तैश में आकर कहा।

"तुमने क्या किया! ज़रा देर और होती तो उसे मार ही डालता, तभी तुम्हारा जी ठंडा होता।" रोने के स्वर में बीबम्मा बोली।

इमाम ने बीबम्मा की तरफ़ नफ़रत से देखा, "तेरी तरह वह बेईमान नहीं है। उसका अपना ईमान है। छाती का दूध पिलाया था तूने! पेट जाये बच्चे की तरह पाला था। अब ज़रा-सी ज़मीन के लालच में आकर वह सब भूल रही है। वह तेरे जैसा नहीं है। साथ पले होने की मुरव्वत उसकी आँखों में है। दाँत नहीं गड़ाए उसने। नहीं तो अब तक काटकर टुकड़े-टुकड़े कर देता!" उसने कहा।

सादुल 'गुर्र-गुर्र' करता बदहवास-सा घूम रहा था। बीच-बीच में इमाम के पैरों को सूँघ लेता था।

चाँद ग़ुस्से में था। पिता की तरफ़ वह जलती आँखों से देख रहा था। जब वह शान्त रहता है, तब इतना सब्रवाला बन जाता है जितना कि कोई पत्थर। लेकिन जब सिर पर पागलपन सवार हो जाता है, तो यह नहीं देखता कि कर क्या रहा हूँ, और बोल क्या रहा हूँ। यह बात इमाम अच्छी तरह जानता है।

"उस मनहूस को तुम्हीं छोड़ नहीं रहे हो। मेरा बेटा बेहतर ज़िन्दगी जिए यह तुमको नागवार गुज़र रहा है।" बीबम्मा बोल पड़ी।

"मैंने क्या नहीं छोड़ा, यह बता!"

"क्या छोड़ा है, यह बताओ तुम! औने-पौने किसी क़ीमत पर बेच आने को कहा, तो इस दलिद्दर को फिर ले आए।"

"हमारे पास तो ईमान नहीं है, इसके पास है। तू इतनी जल्दी बदल जाएगी, यह नहीं सोचा था मैंने। लोग तो कहते हैं कि पेट के जाये से ज़्यादा प्यार तो पाले हुए से होता है। तेरा प्यार कहाँ गया री! तेरा बेटा अपने मतलब के लिए आज इसे मारना चाहता है, कल हमें मार डालेगा! इसका क्या है! मगर तुझे क्या हो गया है? ऐसा कोई तमासा नहीं है, जो तूने इसके लिए नहीं किया। जाने कितने तमासे किए थे तूने इसके लिए! अब चुटकी-भर में सब भूल गई?" इमाम ने कहा।

"...मैं मर ही जाऊँगा।" चाँद फिर दौड़ पड़ा। पलटकर इमाम ने बेटे को थाम लिया। बीबम्मा ने बैठे-बैठे ही ज़ोर से चाँद के पैर पकड़ लिये।

"तुम...तुम्हीं सब कर रहे हो!" आपे से बाहर होकर चाँद ने पिता को कोसा।

इमाम का गला रुँध गया।

"मैंने क्या किया है रे...तूने इसे जंगल में छोड़ आने को कहा तो छोड़ नहीं आया था? यही घर लौटकर आ गया! बेच आने को कहा तुम लोगों ने, तो गया नहीं था? वह नहीं बिका, तो मैं क्या कर सकता हूँ, बता? अब तूने कहा, जीते-जी इसे गाड़ दूँगा। मैंने मना किया कभी? वह गड्ढे में नहीं कूदता, तो मैं क्या करूँ? बता! जंगल में से इसे हम गाँव में ले आए। बीस साल तक साथ रखा। उसकी अपनी आदतें छुड़ाकर नई आदतें डालीं। अब उससे हमारा काम निकल गया है, हमारा मतलब पूरा हो गया है, इसलिए कहो कि चले जाओ, तो यह जाएगा कहाँ?" इमाम ने ये बातें मुँह से नहीं कहीं।

मुँह से कहता, तो बेटा जाने क्या करता! चाँद ग़ुस्से में होता है, तब उसकी ख़ुशामद ही करनी होती है। जब ठंडा पड़ जाता है, तब औरों जैसा ही बन जाता है। तब जो चाहे कह लो।

"अब या तो मुझे रहना है या तुम दोनों को!" चाँद फिर चीख़ उठा।

बीबम्मा चाँद के पैर छोड़ नहीं रही थी।

"हम कैसे रहेंगे रे, जब तू नहीं रहेगा! हम भला क्यों जीएँगे, तू ही तो हमारी ज़िन्दगी है!" बीबम्मा रो रही थी।

"यह हरामी...हरामी...सदुलवा..." कहता हुआ चाँद उस पर झपटने को हुआ। इमाम ने उसे रोका। जो पत्थर हाथ लगा, चाँद ने ज़ोर से सादुल के ऊपर फेंका। उसका निशाना चूक गया।

झोंपड़ी गाँव के सिरे पर होने से उस रात वहाँ किसी क़े आने की सम्भावना नहीं थी। हाँ, उन तीनों की बातों और चीख़-पुकारों से चौंककर गाँव के कुत्ते ज़रूर आस-पास भौंक रहे थे।

चाँद को समझाने-बुझाने में इमाम को एक घंटे से ज़्यादा ही लगा। बेटे की बग़ल में बैठकर बीबम्मा बार-बार यही कहती रही कि सारी ग़लती इमाम की है। इमाम ने प्रतिवाद नहीं किया।

आख़िकार चाँद कुछ नरम पड़ा। लेकिन एक शर्त पर। शर्त यह थी कि इमाम को गड्ढे में बैठना होगा। इमाम बैठेगा, तो सादुल उसमें कूद जाएगा। फिर चाँद इमाम को ऊपर खींच लेगा। सादुल के लिए ऊपर आने का मौक़ा नहीं रहेगा। तीनों मिलकर गड्ढा पाट देंगे।

पहले तो इमाम ने कहा, "ठीक है।" लेकिन थोड़ी देर बाद कुछ सोचकर उसने कहा, "सादुल तेरी आँखों के सामने नहीं रहना चाहिए, यही न तू चाहता है?"

"बस...और क्या?...जो करते हो, करो...वह यहाँ दिखना नहीं चाहिए बस!" बीबम्मा ने कहा। उसे बेटे की बहुत फ़िक्र हो रही थी। उससे भी ज़्यादा डर लग रहा था। इसीलिए हामी भरते हुए चाँद से पहले वही बोल पड़ी।

चाँद मौन था। वह माँ और बाप दोनों को देखे जा रहा था और उनकी बातें सुन रहा था।

"सवेरा होगा, तो लोगों को मालूम पड़ जाएगा। अभी भी घर में भालू है, यह बात कोई-न-कोई थाने में या एम.आर.ओ. के दफ़्तर में पहुँचा ही देगा। लोगों को मालूम हो गया है कि हमें ज़मीन मिल रही है और हम किसानी करने जा रहे हैं। आधे से ज़्यादा लोग हमसे जलने लगे हैं।" बीबम्मा बोली।

"तब ठीक है... न इसे गड्ढे में उतारने की ज़रूरत है, न मुझे चढ़ आने की। पौ फटने से पहले मैं इसे जंगल में ले जाऊँगा। ऐसा करूँगा कि यह घर लौटे ही नहीं...किसी की नज़र पड़ने से पहले ही गाँव से निकल जाऊँगा..."

इमाम की बात पूरी नहीं हुई थी कि चाँद चीख़ पड़ा, "पागल हो गए हो क्या! परसों क्या हुआ? जंगल में छोड़ आए तो दिन डूबने से पहले ही घर नहीं पहुँच गया था यह? अबकी भी यही होगा। गाँवभर में ढिंढोरा पिट जाएगा। तब हम कुछ भी कहें, लोगों को यक़ीन ही नहीं आएगा। परसों दरोगा साहब ने क्या कहा था? यह नहीं कहा था कि जंगली जानवरों को रखना जुर्म है?...तब हमने झूठ-मूठ क्या बोला था? यही न कि भालू हमारे पास नहीं है सरकार! कभी था...अब मर गया है। यही कहा था न? रोज़गार कोई नहीं है, इसकी अर्जी एम.आर.ओ. को देते बखत हमने क्या कहा था—याद है...? इस ज़मीन के लिए किस-किस के पैर नहीं पकड़े मैंने? उधार करके पैसे खरच किए हैं। छोटी बात नहीं है। भालू हमारे पास है, इसकी भनक भी पड़ जाए...कोई एक भी शिकायत कर दे, तो ज़मीन नहीं देंगे। पट्टा मिलेगा नहीं।"

"ठीक बात है...लड़के बेचारे ने कितने चक्कर काटे थे...हमारी ज़िन्दगी तो ऐसे ही गुज़र गई। कम-से-कम इसे तो आराम की ज़िन्दगी मिले...यों मारा-मारा फिरना इससे होता नहीं।" बीबम्मा ने भी उतनी ही तेज़ी से कहा।

"ठीक है...तीसरी आँख को पता नहीं चलने दूँगा। सवेरा होने से पहले जंगल में चला जाऊँगा। हाथ-भर तमाखू कूटकर महुए की सराब

में घोलकर पिला दूँगा। आधे घंटे में पगला जाएगा। आदमी को पहचान ही नहीं पाएगा। लौटकर घर आएगा ही नहीं। जंगल में यूँ ही बहका-बहका घूमता रहेगा।" इमाम ने बीच का रास्ता सुझाया।

बग़ैर कुछ बोले चाँद घर के भीतर चला गया। बीबम्मा भी उसके पीछे-पीछे चली गई। चारपाई के पास इमाम पसर गया। कुछ ही देर बाद चाँद का फेंका हुआ हाथ-भर का तम्बाकू का गोला इमाम के पास आकर गिरा।

सादुल ऐसे मौन था जैसे उसने उन तीनों की बातें सुन ली हों...और बातों का भी मतलब समझ गया हो। वह इस तरह आकर चारपाई के नीचे लेट गया जैसे इमाम का ही उसे भरोसा हो।

इमाम को नींद नहीं आ रही थी। वह उसी तरह देखता हुआ लेटा रहा। चंद्रकला डूब गई। अँधेरा गहराया। भालू की गोल-गोल आँखों की तरह आकाश में तारे टिमटिमाने लगे। बेटे की बातें इमाम को लगातार याद आने लगीं। मन बड़ा अस्थिर होता रहा। लुंगी सँभालकर उसने भालू की रस्सी हाथ में ले ली। फिर आँखों में पानी भरकर उसने उसकी ओर देखा।

भालू ने उसके साथ ऐसे क़दम बढ़ाए जैसे उसके मनोभाव को समझ गया हो। अँधेरा रहते ही इमाम ने जंगल का रास्ता लिया। क्या वक़्त हो गया है, कितनी देर में सवेरा होगा, इसका उसे अन्दाज़ा नहीं हो सका। किधर जाए, यह भी वह तय नहीं कर सका।

इमाम आगे और सादुल पीछे। दोनों अँधेरे में चलने लगे। चींटियों की बाँबी दिखाई पड़ते ही रुककर ज़ोर की साँस के साथ बाँबी में से चींटियों को मुँह में खींच लेनेवाला सादुल बिना रुके चलता रहा।

दिन निकलने तक वे जंगल के बीच में थे।

थका-हारा इमाम पेड़ के नीचे बैठा है। जहाँ आदमी की कोई निशानी न थी...हो भी, तो जहाँ उनकी कोई पहचान नहीं कर सकता था, ऐसी जगह अब वे दोनों पहुँच गए थे। पेड़ के तने के साथ टेक लगाकर इमाम ने सादुल को खुला छोड़ दिया। सादुल कीड़े-मकोड़ों

को सुड़कता हुआ और जीभ से चींटियों को मुँह में लेता हुआ पेड़ के ही चारों ओर घूमता रहा। घूमते-घूमते वह एक आँख इमाम पर रखे रहा।

इमाम ने जेबें टटोलीं। देसी तम्बाकू का बंडल हाथ लगा। बग़ल में ही जड़ी थी। देसी तम्बाकू में वह जड़ी मिलाकर खिलाओ, तो भालू पगला जाता है और भटकने लगता है।

जड़ी को हाथ में लेने के बाद इमाम को दस साल पहले की एक घटना याद हो आई। सादुल नर है। दस साल में जवान हो गया था। जोड़ीदार के लिए वह बेहाल हुआ जा रहा था। रात-रात भर चीख़ता-चिल्लाता था। पेड़ों से लिपटता था। ज़मीन पर लोटता था। लोगों को देखकर भड़कता था। खेल के वक़्त कलाबाज़ी नहीं खाता था। मद के कारण बाग़ी हुआ जाता था। दो बार चाँद को काट चुका था। दो बार इमाम तक को काट लिया था। एक बार भड़ककर बीबम्मा के ऊपर भी झपटकर 'गुर्र-गुर्र' करता रहा था। वह अपने लिए और दूसरों के लिए मुसीबत ही बन गया था।

उन दिनों इमाम के सालों के यहाँ मादा भालू होती थी। दूर, उनके यहाँ ले जाकर इमाम ने दो-तीन दिन जोड़ा खिलाया था। लौटने के अगले दिन ही वह सामान्य हो गया था।

लेकिन हर बार उतनी दूर ले जाना सम्भव नहीं हो सका।

बात साँड़ की हो तो उसका मद ख़त्म करने के लिए अंडकोश दलकर बधिया कर देते हैं। भालू के साथ ऐसा नहीं किया जा सकता। इमाम को अपने दादा-परदादाओं का उपचार करना ही पड़ा।

तरह-तरह की जड़ी-बूटियों से तैयार किए गए काढ़े में ख़मीर उठाकर इमाम एक हफ़्ते तक उसे पिलाता रहा था। भालू का सारा मद जाता रहा था। उसकी मर्दानगी बिला गई थी। तब से वह शान्त हो गया था।

पेड़ के नीचे बैठा इमाम यह सब याद करता रहा। एक बार उसने सादुल की तरफ़ देखा। वह अपने काम में लीन था। आहार की तलाश में इधर-उधर डोल रहा था।

'अरे बेटा, जिस दिन तुझे जंगल से घर लाया था, उस दिन तुझे मैंने महुए की सराब पिलाई थी। तू घर छोड़कर न जाए, इसके लिए परचानेवाली दवाई खिलाई थी। तेरी मर्दानगी ख़तम हो जाए, इसके लिए मद ख़तम करनेवाली दवाई पिला दी थी। अब तुझसे पीछा छुड़ाने के लिए पागल बनानेवाली दवाई खिलाने जा रहा हूँ। तुझे अपनी हर चीज़ से दूर कर दिया। यहाँ तक कि माँ के प्यार से भी दूर कर दिया। अब अपने से भी दूर कर रहा हूँ।' उसने सोचा।

सादुल को वह पागल बनानेवाली दवाई खिलाने जा रहा है, इस बात से उसे बहुत दुख हुआ। आस-पास कोई नहीं था। इसलिए जी का बोझ हलका होने तक वह रोता रहा। फिर मन को मारकर तम्बाकू और जड़ी दोनों को मिलाकर उसने कूटा।

कूट चुकने के बाद उसने सोचा, 'अभी से क्यों खिलाऊँ? थोड़ी देर घूम लेने दो बिचारे को। भूखा है न! खाने दो! बाद में खिलाई जा सकती है।' इस तरह एक घंटा बीत गया।

घंटे-भर बाद उसने सोचा, 'क्या जल्दी है, दोपहर में खिला दूँगा। अभी घर जाकर मुझे करना भी क्या है?' फिर वह सिकुड़कर लेटा तो उसे नींद आ गई।

दोपहर को उसकी नींद खुली। तब भी भालू कोई चीज़ चुबला ही रहा था। 'आख़िरी दिन मैं इसका पेट न भी भरूँ, कम-से-कम इसे तो भर लेने दूँ...दवा शाम को खिलाई जा सकती है। रात तक घर पहुँच सकता हूँ। जल्दी क्या है...यहाँ कोई नहीं है न!' उसने सोचा।

कूटी हुई दवाई सूखकर सख़्त हो गई। उस गोले पर बैठी मक्खियाँ और कीड़े बेतरतीब पगलाए-से घूमने लगे। उनको देखने के बाद जब यह अन्दाज़ा हो गया कि सादुल पर वह कितना तगड़ा असर करेगी, इमाम को डर लगने लगा। वह उसी तरह पेड़ के तने के साथ बैठा रह गया।

चिड़ियों की चहचहाहट और जानवरों के पैरों की आहट के सिवा कोई आवाज़ वहाँ नहीं थी। इमाम का साथ न छोड़नेवाला सादुल पेड़

के चारों ओर की जगह को छोड़कर दूर नहीं जा रहा था। इमाम को भूख सता रही थी। आस-पास घूमे तो कोई फल-वल मिल सकता था। लेकिन वहाँ से उठने का उसका मन नहीं हुआ।

सादुल को, पागल बनानेवाली दवा को, दवा पर बैठने के नशे में बेहाल भागते कीड़ों को देखता हुआ इमाम जैसा का तैसा बैठा रहा।

इमाम इस तरह सोच रहा था, तो उसका दिल भारी हो आया। उसके हाथ-पाँव बेजान-से हो गए। उसका दुख उफन आया।

बहुत भावुक होकर वह भालू के पूरे बदन को सहलाने लगा। वह सहला रहा था कि भालू के मुँह पर चढ़े चाँदी के छल्ले से उसका हाथ छू गया। चमककर उसने कान को टटोला। कान का सोने का छल्ला ग़ायब था।

"सादुल...देख रे...तूने जो सोने का छल्ला जीता था, उसे भी लोगों ने निकाल लिया है!" रोनी सूरत बनाकर वह कहने लगा।

सादुल ने इमाम की तरफ़ अनासक्त भाव से देखा। इमाम को उतने दुख में भी सादुल का उस दिन का करतब याद हो आया।

"अरे बेटा...उस दिन उस पहलवान मल्ला रेड्डी को तूने किस खूबी से पछाड़ दिया था...सोने का वह छल्ला कितनी बहादुरी से जीत लिया था..." सादुल के थूथन को पास खींचकर लाड़ करते हुए इमाम ने कहा।

सादुल "गुर्र...गुर्र..." करता हुआ उसके और पास आ गया।

गम्भीराव पेट में नामी पहलवान मल्ला रेड्डी को सादुल ने जिस दिन कुश्ती में हराया था, उस दिन की पूरी घटना इमाम को याद हो आई।

उस दिन इमाम गाँधीजी की मूर्ति के पास खेल दिखा रहा था। सादुल पहलवान की तरह कलाबाज़ियाँ खा रहा था। रीढ़ को पीछे को तानकर और छाती को फुलाकर वह अकड़ के साथ चल रहा था।

तमाशबीन लोगों को बहलानेवाली बातें करते-करते इमाम ने यों ही कहा, "इस गाँव को कोई ऐरा-गैरा गाँव मत समझना मियाँ! यह

वह गाँव है, जिसमें मसहूर पहलवान मल्ला रेड्डी पटेल रहते हैं। पटेल के ऊपर भी कभी जीतेगा क्या तू? उनका सामना होने पर मुक़ाबले में खड़ा रहेगा या दुम दबाकर घर भागेगा? बोल!"

सादुल चुनौती स्वीकारने की मुद्रा बनाकर दाएँ पंजे से ज़मीन को कुरेदने लगा और बायाँ पंजा ऊपर उठाकर मूँछों पर हाथ फेरने लगा। फिर वह उछलकर आगे को कूद गया।

यह देखकर ज़ोर से ताली बजाते हुए इमाम ने कहा, "साबाश... साबाश, ऐसे...ऐसे...यह हुई न बात...मुक़ाबले में कोई भी सामने आए, इसी तरह लड़कर जीतना है तुझे। हारना नहीं कभी। यों भी कौन ऐसा पहलवान है जो तेरे सामने टिक सकता है रे!"

मसख़रेपन में कही यह बात मल्ला रेड्डी तक जाने कैसे पहुँच गई, दिन ढलने से पहले ही उन्होंने आदमी भेजा इमाम को बुला लाने के लिए। बाज़ार में अपनी रौ में कही बात इमाम कभी का भूल चुका था। यह सुनते ही कि पटेल ने बुला भेजा है, वह एकदम से घबरा गया। सादुल को चाँद के हवाले करके दौड़ती चाल से बँगले पर पहुँचा।

मल्ला रेड्डी आरामकुर्सी पर बैठे थे। कुछ दूसरे लोग भी उनको घेरकर वहाँ बैठे थे। मल्ला रेड्डी कुछ कह रहे थे, तो वे लोग हँस रहे थे।

इमाम पर नज़र पड़ते ही आँखें लाल करके और मूँछों पर ताव देते हुए मल्ला रेड्डी ने तेज़ आवाज़ में पूछा, "किधर है रे तेरा भालू? सुना है कि वह मुझको ही ललकार रहा था? आँखों में इतनी चरबी छा गई है? मुझे हराएगा?"

इमाम का कलेजा काँप गया।

"ऐसी कोई बात नहीं है पटेल साहब, पेट पालने के लिए कोई खेल दिखाते घूमने-भटकनेवाले लोग हैं हम। आपसे भला हमारा क्या मुक़ाबला? यों ही मैंने कह दिया था।" वह बड़बड़ाया।

वहाँ बैठे हुए लोगों ने मल्ला रेड्डी को ताव पर चढ़ाया, तो मल्ला रेड्डी को जोश आया। वे अपनी मांसपेशियों को सहलाने लगे। फिर छाती खोलकर खड़े हो गए।

"वह जानवर ठहरा। दाँतों से काटेगा, नाखूनों से नोचेगा। बस इतनी-सी बात है! वरना मैं एक लात मार दूँगा तो उछलकर नाले के पार जाकर नहीं गिरेगा?" उन्होंने फिर कहा।

बहुत डरने के बावजूद इमाम को अपने पर नाज़ हुआ।

"पटेल साहब, जो सच बात है, उसे तो मानना ही चाहिए हमें। वैसे भालू से कोई भी जीत नहीं सकता। इसका यह मतलब नहीं कि मैं आपको कहीं कम करके बात कर रहा हूँ। जंगल में तीन ही जानवर बड़े ताक़तवर होते हैं—सिंह, शेर और हाथी। उनके बाद तो बस भालू ही है।" उसने कहा।

मल्ला रेड्डी को बड़ा रोष हुआ। उनके मन में आया, यह अदना-सा आदमी मेरी ही तौहीन कर रहा है? बात बढ़ गई।

"तू कहता है कि मैं तेरे भालू से हार जाऊँगा? यही न?" हिक़ारत की नज़र से देखते हुए उन्होंने कहा।

"सिर्फ़ आप की ही बात नहीं पटेल साहब...आदमी कोई भी हो, हार जाएगा।" इमाम ने नम्रता के साथ कहा।

मल्ला रेड्डी के अहम पर चोट पड़ी।

"मैं हारूँ तो एक हज़ार रुपए दूँगा। भालू हार जाए तो तू क्या देगा, बता?" मल्ला रेड्डी ने चुनौती-भरे स्वर में कहा?

मल्ला रेड्डी इस तरह ज़िद पर आ जाएगा, इसकी इमाम ने कल्पना नहीं की थी।

वह कुछ कहना चाह रहा था कि अपने बाप के लिए चिन्तित होकर भालू के साथ उसी वक़्त वहाँ पहुँचा हुआ चाँद बोल पड़ा, "दस हज़ार दूँगा।"

जितने लोग वहाँ इकट्ठे हो गए थे, सब के सब सहसा चौंक पड़े। इमाम का दिल धक-धक करने लगा। मल्ला रेड्डी को और ज़्यादा अभिमान हुआ। वे उठकर खड़े हो गए।

"न, न, पटेल साहब, वह काटता है।" मल्ला रेड्डी को रोकते हुए कोई आदमी बोल पड़ा।

चाँद को यह सब कोई खेल-तमाशा जैसा लगने लगा।

"आपके बदन पर एक भी खरोंच आ जाए तो समझ लीजिए कि आप जीत गए! यह न नाखूनों से नोचता है, न दाँतों से काटता है। अपनी कुश्ती लड़ता है, बस!" उसने साहस करके कहा।

मल्ला रेड्डी ने क्षण-भर भी नहीं सोचा। उन्होंने दाँत पीसे, टप-टप करके कुरते के बटन तोड़ डाले और फिर लांग कसकर एकदम आगे को कूद पड़े।

इमाम बहुत डर गया। बेटे की ओर ग़ुस्से से देखते हुए बोला, "छोड़िए न पटेल साहब...चार घरों में माँग-माँगकर गुज़ारा करने आए हैं हम यहाँ। किसी से तकरार करने नहीं। आपके बारे में सुना भर था, कुछ जानता नहीं था। यों ही मेरे मुँह से वह बात निकल गई। वैसे कहाँ आप और कहाँ यह भालू का बच्चा...आप ही जीतेंगे ज़रूर...न, पटेल न, यह छोकरा नासमझ है, कुछ जानता नहीं। हम जाते हैं।" उसने कहा।

लेकिन मल्ला रेड्डी ने कुछ नहीं सुना। बाप-बेटे दोनों की तरफ़ आँखें गड़ाकर देखते रहे।

इधर इमाम पैरों पड़ रहा था और मिन्नतें कर रहा था तो उधर मल्ला रेड्डी आपे से बाहर होते जा रहे थे। जब भी इमाम से बोलते-बोलते मल्ला रेड्डी की आवाज़ तेज़ हो जाती, सादुल की आँखें लाल हो जातीं और वह ग़ुस्से से देखने और 'गुर्र...गुर्र' करने लगता।

"चल...मादरचो...जो कुछ कहना था, वह सब तो कह ही दिया तूने...अब पैर पकड़ने लगा है। दस हज़ार भरेगा या कुश्ती के लिए तैयार हो जाएगा? फ़ैसला करके बता...जल्दी..." कहते हुए मल्ला रेड्डी ने तपाक से इमाम को एक लप्पड़ मारा।

इमाम पर वार हुआ नहीं कि सादुल उग्र हो उठा। उसने अपने शरीर को फुलाकर दुगुना कर लिया। फिर अगले पैरों से ज़मीन

को दबाता हुआ वह खड़ा हो गया और एकदम मल्ला रेड्डी पर कूद पड़ा।

मल्ला रेड्डी बिजली की गति से उसके रास्ते से हट गए। सादुल धड़ाम से नीचे गिरा। मौक़ा पाकर मल्ला रेड्डी फ़ौरन अपने कसरती बदन का पूरा भार लिये उसकी पीठ पर चढ़ गए और फिर उसे धर दबोचकर पूरी ताक़त से उसके पेट में अपने घुटने गड़ाते हुए उसके थूथन को पीछे की ओर मरोड़ने लगे...

सादुल के लिए ज़रा भी हिलने-डुलने की गुंजाइश नहीं रही। पूरी ताक़त लगाकर उठ खड़ा होने की वह कोशिश करता रहा। लेकिन वह सफल नहीं हुआ। गर्दन पीछे की ओर मरोड़े जाने से दम घुटने लगा तो हाँफते हुए उसने मुँह खोल दिया।

मल्ला रेड्डी ने लोगों की तरफ़ गर्व से देखा। लोगों ने उल्लास से ज़ोर की तालियाँ बजाईं।

थोड़ी देर और यही हालत बनी रहती तो सादुल ख़तरे में पड़ सकता था। इमाम बीच में आने लगा, तो किसी ने उसे पीछे को खींचा। यह देखकर चाँद आगे बढ़ा, तो वहाँ जुटे लोगों ने उसे भी पीछे को खींचा।

तालियों से और ज़्यादा भड़के मल्ला रेड्डी ने भालू पर अपनी पकड़ और मज़बूत कर दी तो सादुल छटपटाने लगा। चाँद के मुँह से चीख़ निकलने ही वाली थी कि किसी ने उसका मुँह बन्द कर दिया।

ख़तरा ताड़कर इमाम को दुस्साहस हुआ। उसने ज़ोर से कहा, ''पटेल साहब, पीछे से वार करने में जवाँमर्दी नहीं है। दम हो तो कुस्ती लड़ो उससे।''

सहसा चारों तरफ़ सन्नाटा छा गया। पटेल को लेकर इतनी बड़ी बात कही गई, तो सब भय और विस्मय से देखने लगे।

इमाम की बात सुनते ही पटेल क्रोध से देखते हुए उठ खड़े हुए। दम लेने का मौक़ा पाकर सादुल अयाल झाड़कर खड़ा हो गया; बाप-

बेटा दोनों दौड़कर उसके पास पहुँच गए। वहाँ पहुँचकर चाँद ने दुलार जताते हुए उसे अपने पास खींच लिया।

"क्या बात है रे! दिलेरी और जवाँमर्दी की बात कर रहा है तू...मेरी जवाँमर्दी पर ही तुझे शक होने लगा है?" कहते हुए मल्ला रेड्डी ने इमाम के कुर्ते का कॉलर पकड़कर एक झटके से उसे ऊपर उठाया।

दम घुटने लगा तो इमाम छटपटाने लगा। सादुल ने एक बार फिर आँखें लाल कीं और 'गुर्र-गुर्र' करने लगा। फिर वह तेज़ी से उछलकर आगे आ गया। उसके हमले के वेग से मल्ला रेड्डी धड़ाम से नीचे गिर पड़े। उनका नीचे गिरना था कि सादुल मुँह खोलकर उनकी गरदन पर दाँत गड़ाने लगा। क्षण-भर की देर होती, तो उसके दाँत मल्ला रेड्डी की गरदन में धँस ही जाते।

"सादुल...उठ रे...!" इमाम ज़ोर से बोल उठा।

सादुल का मुँह जिस तरह खुल गया था, उसी तरह बन्द हो गया और वह उठकर खड़ा हो गया। पूरा बदन पसीने से तर हो रहा था तो मल्ला रेड्डी भी उठ खड़े हो गए। उनका मुँह लाल हो रहा था। खड़े होकर वे बदन पर लगी धूल झाड़ने लगे। पूरा माहौल गर्म हो गया था। तमाशबीनों के चेहरे ग़ुस्से से तमतमाने लगे थे।

इमाम ने स्थिति को भाँप लिया। उसने सोचा, बात बहुत बिगड़ गई है। आज मार खाने से बचना नामुमकिन है। वह तुरन्त सादुल के पास गया और उसकी पीठ सहलाते हुए बोला, "मेरे बदन पर किसी का हाथ पड़ जाता है तो इसे बर्दास्त नहीं होता, एकदम बौखला जाता है पटेल साहब...बात यह है और कुछ नहीं...मैं इसे कुस्ती के लिए खड़ा करता हूँ, तुम कुस्ती लड़ना। किसकी जीत होती है, देखते हैं। बस! न तुम मुझे मारो न यह तुम्हें काटेगा-नोचेगा।"

"ठीक है, भेज दे फिर...देखते हैं।" छाती फुलाकर और गर्दन तानकर मल्ला रेड्डी ने कहा।

सादुल ने कुश्ती लड़ना सीख लिया है। जब भी फ़ुर्सत होती थी चाँद उससे कुश्ती लड़ता था और देर तक उन दोनों की कुश्ती चलती रहती थी।

"उसके मुँह पर बेल्ट तो बाँध दे रे!" भीड़ में से किसी ने कहा।

"यह जानवर है साहब...कुस्ती का मतलब है सिरफ कुस्ती लड़ता है। हमला कहो तो हमला करता है। बस! यह नहीं कि बात एक की होगी और काम दूसरा होगा। देखना, बदन पर खरोंच तक लगाए बगैर यह कैसे कुस्ती लड़ता है।" कहकर इमाम ने सादुल का कान मरोड़ दिया और फिर पीठ थपथपाकर बोला, "सादुल...तू पहलवान है रे!"

भालू दोनों पिछड़े पैरों पर खड़ा हो गया।

उधर मल्ला रेड्डी भी कुश्ती के लिए तैयार हो गए।

"सादुल...लड़ाई कर रे!" कहकर इमाम ने इशारा किया। दोनों ने एक दूसरे पर झपट्टा मारा। मल्ला रेड्डी भी पुराने खिलाड़ी थे और कुश्ती के दाँव-पेंच खूब जानते थे। होशियारी से हाथों और पैरों से पैंतरे बदलने लगे।

सादुल यह सब नहीं जानता। उसको अपनी ताक़त पर भरोसा होता है। पकड़ पाने के लिए वह भी कुछ देर पैंतरे बदलता रहा। फिर दोनों के पंजे गुँथ गए। दोनों ज़ोर लगाने लगे। फिर मौक़ा पाते ही सादुल ने एकाएक मल्ला रेड्डी को धर-दबोचा और उनको उठाकर नीचे गिरा दिया। अपने को सँभालने की मल्ला रेड्डी ने बहुत कोशिश की। लेकिन उनके सारे दाँव-पेंच नाकाम हो गए।

इमाम ने सादुल को उठा दिया और एक बार फिर उसे उकसाया। मल्ला रेड्डी ग़ुस्से में जलने लगे। सादुल को उठाकर ज़मीन पर पटक देने के उपाय सोचने लगे और मन में यह भी निश्चय कर लिया कि इस बार सादुल नीचे गिरा तो वे उसे ज़िन्दा नहीं छोड़ेंगे।

लेकिन सादुल ने उनको ज़रा भी मौक़ा नहीं दिया। कुछ देर पैंतरा बदलने के बाद वह मल्ला रेड्डी से लिपट गया। कुछ देर दोनों में कशमकश चलती रही। आदमी और भालू में मल्लयुद्ध होने लगा। अपने को छुड़ाने के लिए मल्ला रेड्डी ज़ोर मारते रहे। इतने में एकबारगी

भालू ने मल्ला रेड्डी को हवा में उठा लिया और फिर नीचे गिराकर उनको दबोच लिया। मल्ला रेड्डी छटपटाने लगे।

चारों ओर एक गहरा सन्नाटा फैल गया। लोगों में सकता-सा छा गया। सबके दिल धड़क रहे थे...

इमाम भी मौन बैठा रहा।

"अरे, दोनों को अलग करो न रे! पटेल का दम घुट रहा है!" भय से किसी ने कहा।

"पटेल साहब नामी पहलवान हैं। कुस्ती में तो यह सब होता ही रहता है! ज़रा रुको, पटेल साहब अभी ख़ुद उठ पड़ेंगे।" इमाम ने कहा।

लेकिन मल्ला रेड्डी उठे नहीं। छटपटाते रहे और संघर्ष करते ही रहे। हाथों और पैरों की सारी ताक़त लगाते ही रहे। किसी तरह भालू की पकड़ से छूटकर उठ पड़ने की कोशिश करते ही रहे। लेकिन उनकी सारी कोशिशें विफल ही हुईं।

पास जाकर इमाम ने पूछा, "पटेल साहब...बोलिए, मुक़ाबला अब ख़त्म करें..." मल्ला रेड्डी कुछ बोले नहीं...सादुल को नीचे गिराने की कोशिश में अभी भी दाएँ-बाएँ पलटने के लिए पूरा ज़ोर लगा रहे थे। लेकिन सादुल उनको ज़रा भी हिलने-डुलने नहीं दे रहा था।

थोड़ी देर रुककर इमाम ने फिर पूछा, "पटेल साहब, मुक़ाबला अब ख़त्म करें क्या?"

मल्ला रेड्डी ने कोई जवाब नहीं दिया। वे कराहते रहे।

"अरे-अरे! पटेल मर जाएँगे रे...भालू को उठा दे रे फ़ौरन!" किसी ने चीख़कर कहा।"

लेकिन इमाम चुपचाप बैठा रहा। मल्ला रेड्डी हाथ-पैर हिलाए जा रहे थे। धूल तो उड़ रही थी लेकिन आदमी उठ नहीं पा रहा था। सभी सहमे हुए देख रहे थे। अन्तिम प्रयास करके भी हार गए, तो मल्ला रेड्डी ने दीन स्वर में कहा, "अब ज़रा इसे हटा दे रे!"

इमाम ने फ़ौरन कहा, "सादुल, उठ रे!"

इतमीनान से उठकर सादुल इमाम के पास आ गया।

मल्ला रेड्डी भी उठ गए और बदन की धूल झाड़ने लगे। पटेल जाने क्या कहेगा और लोग जाने क्या करेंगे, सोचकर इमाम डरने लगा। लेकिन मल्ला रेड्डी ने कुछ नहीं कहा। चुपचाप अपनी हार मान ली। एक हज़ार रुपए इमाम के हाथ में रखकर कहा कि वह आइन्दा गाँव में दिखाई न पड़े।

इमाम ने वे हज़ार रुपए घर की ज़रूरतों पर ख़र्च करने की बात कही तो चाँद माना नहीं। उन रुपयों से सोना ख़रीदकर सादुल के कान के लिए एक छल्ला बनवाया। उसके बाद बड़ी-से-बड़ी मुसीबत में भी उसने किसी को उस छल्ले को छूने तक नहीं दिया।

"अम्मी...क्या सोचती हो...कम-से-कम आज तो पीछा छूटेगा न...?" चाँद ने पूछा।

"छूटेगा रे...छूटेगा। तमाखू की दवा बड़ी ज़ोरदार होती है। एक बार मेरे मामा ने खिलाई थी।" बीबम्मा बोली।

"किसको? भालू को...?"

"नहीं, कुत्ते को..." विश्वासपूर्वक बीबम्मा ने कहा।

"कुत्ते को?" चाँद ने विस्मय से पूछा, "कुत्ते को क्यों अम्मी?"

"घर में भालू के साथ कुत्ता भी था। भालू ने बच्चे दिए थे। बच्चों को कुत्ता काट न खाए, इस डर से दवाई खिलाई, तो एक ख़ुराक में ही पगला गया और कहीं दूर चला गया।" बीबम्मा बोली।

"मेरा डर वह नहीं है। अब्बा उसे फिर साथ लेकर न आ जाएँ!" चाँद ने अपनी शंका व्यक्त की।

बीबम्मा पुरानी साड़ी में अस्तर लगा रही थी। चाँद यों ही बैठा हुआ था। सूई में धागा पिरोती हुई बीबम्मा बोली, "क्या अब भी अक्कल नहीं आएगी ? फिर ले आएगा... ? रात को हुआ महाभारत भूल गया होगा ?"

"पता नहीं। बड़ा नासमझ आदमी है। भालू को लेकर घूमने के अलावा कुछ नहीं करना आता। न गाँव में कहीं जाता है, न किसी से बात ही करता है।" चाँद ने शिकायत के स्वर में कहा।

"गाँव-गाँव घूमने के अलावा अपने गाँव की कुछ ख़बर नहीं रखता। तू तो इधर-उधर आता-जाता रहता है। इसी की बदौलत यह छोटा-मोटा आसरा मिल रहा है।" बीबम्मा बोली।

"क्या फ़ायदा अम्मी...जो कुछ मैंने किया, उस सबको माटी करने पर तुला है। आज ग्राम विकास महकमे की मीटिंग है। तमाम अफ़सर आएँगे। कह रहे हैं कि कल-परसों आकर कलट्टर पट्टे दे देगा। हमसे खार खानेवाले लोग अफ़सरों के कान भरेंगे और सारी मेहनत माटी हो जाएगी।"

बीबम्मा सुनती रही। बेटे से क्या कहा जाए, यह उसकी समझ में नहीं आया। हफ़्ते-दस दिन से घर में जो बातें हुई थीं, उनको देखने के बाद उसे अपने आदमी पर भरोसा नहीं हो रहा था। पहले इमाम ने भालू को बेच आने की बात कही थी, पर बेचकर नहीं आया था। जंगल में छोड़ आने की बात कही थी लेकिन छोड़कर नहीं आया था। अब कह गया है कि पागल बनाकर छोड़ आऊँगा। लेकिन जाने क्या कर आएगा!

माँ को चुप्पी साधे देखकर चाँद को कुछ खटका हुआ। उसे फ़ौरन बाप पर ग़ुस्सा आया। उसी ग़ुस्से में बोला, "अगर आज साथ लेकर आया तो मेरा फाँसी लगाकर मरना तो पक्का ही समझो। या मैं रहूँगा या वह भालू रहेगा।"

बीबम्मा चौंकी। डरते-डरते उसने देखा। दरवाज़े पर पैरों की आहट पाकर दोनों ने बातें बन्द कर दीं।

"इमाम! अरे, ओ इमाम!...तुम्हारे पौ बारह हैं भाई! बिल्ली के भागों छींका टूटनेवाली बात हो गई है तुम्हारे साथ। घर से न्योतकर ज़मीन देने लगे हैं तुम्हें।" दरवाज़े पर छड़ीदार पुकार रहा था।

"हाँ...हाँ...आ रहा हूँ।" कहते-कहते चाँद बाहर आ गया।

"क्यों रे, तेरा बाप घर नहीं है क्या?..."

"दूसरे गाँव गया है...लेकिन क्यों?"

"एम.आर.ओ. ने बुलाया है।"

"मैं आ रहा हूँ, चलो!" कहता हुआ चाँद आगे बढ़ गया।

"हाँ, खूब जमे हैं रे सब जगह तेरे लोग... ?...थाने में थानेदार, मंडल में एम.आर.ओ. और डिवीजन में आर.टी.ओ. सभी तो मुसलमान हैं। तुम लोगों को तो बैठे-बिठाए ज़मीन मिल रही है...भालू कहाँ है रे...दिखता नहीं है... ?" भेद की बात का पता लगाने के अन्दाज़ में खोजी आँखों से छड़ीदार ने पूछा।

भालू की कोई निशानी कहीं रह तो नहीं गई, इस आशंका से चारों ओर देखकर चाँद बोला, "भालू कहाँ है मामा...कभी का मर गया। भालू होता तो हम यहाँ होते क्या...इस बखत किसी गाँव में उसे नचा रहे होते..."

"हाँ रे...सुना है कि अब एक नया क़ानून आया है। जंगली जानवरों को कोई मारे या पकड़े तो सजा हो जाएगी।"

"अब की बात थोड़े है, जाने कब से है यह क़ानून! पुलिसवालों की मुट्ठी गरम करते थे हमलोग और वे लोग भी देखकर अनदेखी करके चले जाते थे। फारेस्ट वाले भी लालच करते हैं। बहुत जिरह करते हैं। अब थानेदार लोग नए-नए आए हैं न! 'चलो थाने' कहने लगे हैं। चाहे जो कहें, हमें क्या...हमारे पास जब भालू है ही नहीं।" चाँद बेफ़िक्री के अन्दाज़ में बोला।

दोनों ग्राम पंचायत के पास पहुँचे। बे-काश्त ग़रीबों की पहचान करके बंजर ज़मीन बाँटने का कार्यक्रम चल रहा था। लोगों की भीड़ जमा थी। लोग आपस में ज़ोर-ज़ोर से बहस कर रहे थे।

गाँव छोटा ही था। इसलिए योजना से लाभ पानेवाले केवल दस और बीस के बीच में थे। सब लोग ट्रैक्टर की ट्रॉली में बैठकर गए। चाँद भी चढ़कर बैठ गया। ट्रैक्टर से आगे अधिकारियों की जीप थी और जीप से आगे दूसरे लोग थे।

"लड़के...तेरा बाप कहाँ है रे...तू आया है?" चाँद से किसी ने पूछा।

"दूसरे गाँव गया है।" बोलते हुए चाँद का स्वर काँप गया।

"क्यों नहीं, बाप उधर गाँव-गाँव भालू नचाता घूमेगा और बेटा इधर ज़मीन हथिया लेगा।" किसी ने फबती कसी। चाँद ने उसकी तरफ़ घूरकर देखा।

चाँद की कलाई पर मस्कट की घड़ी रहती है। बदन पर मस्कट के ही पैंट-शर्ट और टी-शर्ट होते हैं। हर किसी के सामने हाथ पसारकर, मिन्नत-चिरौरी करके पाए हुए। पैरों में मस्कट के ही जूते होते हैं। वे भी लोगों के पैरों में झुककर पाए हुए हैं। ये सब चीज़ें कैसे आई हैं, इस बात को छोड़ दें, तो चाँद की शक्ल-सूरत कहीं से भी बे-काश्त ग़रीब की नहीं लगती। गाँव से दूर रहते हैं, इसलिए सब यही समझते हैं कि कमाई अच्छी ही कर लेते होंगे। इमाम के बात करने के सलीक़े ने भी गाँववालों की इस धारणा को बल दिया है।

"कहाँ है भालू...कहाँ देखा है तुमने...कब का मर गया वह तो।" चाँद ने ग़ुस्से से कहा।

"चलो, मरा है या ज़िन्दा है हमें क्या...!" उसी आदमी ने कहा।

वहाँ सरकार से ज़मीन पाए हुए लोगों से ज़मीन पाने की उम्मीद लेकर आए हुए लोग ही ज़्यादा थे। किसी कारण से वे चुने नहीं गए थे। फिर भी आख़िरी कोशिश कर रहे थे। जो चुने गए हैं, वे पूरी तरह बेरोज़गार तो नहीं हैं, और हमीं लोग उन लोगों से कहीं ज़्यादा कमज़ोर हैं, ये दलीलें देते हुए अधिकारियों से वे मिन्नतें कर रहे थे। सबकी शिकायतों में चाँद और इमाम का नाम आ रहा था।

सबको पार करके अधिकारियों की जीप आगे बढ़ी। उसके पीछे-पीछे ट्रैक्टर चल पड़ा। चाँद का मन कुछ-कुछ स्थिर हुआ। बाप पर उसे ग़ुस्सा आता रहा। रात-ही-रात में उसे ग़ायब कर देते तो कितना अच्छा होता! इतने झूठ बोलने की ज़रूरत ही नहीं पड़ती! आदमी अपनी आँखों से न दिखे, तो हज़ार शक पैदा हो जाते हैं। उसने सोचा।

कुछ लोग विरोध प्रदर्शन कर रहे थे। उनकी परवाह किए बिना अधिकारी आगे बढ़ गए। आधे घंटे में गाँव के बाहर टीलों के बीच ट्रैक्टर रुका। ज़मीन को चौरस कर लिया गया था और पत्थर गाड़ दिए गए थे। किस आदमी का कौन-से नम्बर का चक है, छड़ीदारों ने दिखा दिया, तो अपने-अपने नम्बर की ज़मीन में वे लोग पुलकित भाव से घूमने लगे।

इमाम का चक बीच में है। चाँद बाप के नाम पर दी गई ज़मीन के पास रीढ़ तानकर खड़ा हो गया था। पूरी ज़मीन पर उसने नज़र दौड़ाई। लम्बी साँस खींची। उसे लगा, जैसे उस साँस में संसार की समस्त शक्तियाँ उसके अन्दर प्रवेश कर गई हों।

उस ज़मीन को पाने में एकमात्र सम्भावित बाधा पिता और भालू पर उसे अपार क्रोध आया। प्रतिकार की भावना से दाँत किटकिटाते हुए उसने मन ही मन कहा, 'टुकड़े-टुकड़े कर दूँगा...'

दिन ढलने लगा।

इमाम ने पागल कर देनेवाली दवा हाथ में ले ली। तभी ख़याल आया कि सादुल ने दिन भर पानी नहीं पिया है। वह थोड़ी दूर पर तालाब की ओर चल पड़ा। सादुल ने पानी पिया। फिर दोनों पेड़ के पास लौट आए।

"अरे सादुल...तू जंगल में ही रहता, तो अच्छा रहता न रे...तुझे

पागल कर देनेवाली दवाई कैसे खिलाऊँ बता... ! घर में ऐसा क्या है कि तू चला आता है!'' इमाम ने कहा।

सादुल पास आकर बैठ गया और 'गुर्र-गुर्र' करता रहा।

दवाई खाने के बाद सादुल पगलाकर कैसा भटकेगा, इसकी कल्पना मात्र से इमाम का दिल तड़प उठा। उसका इरादा कमज़ोर पड़ने लगा। एक बार तो उसने घर लौट जाने का भी निश्चय कर लिया। पर चाँद की बातें याद आते ही उसे साहस नहीं हुआ।

'बड़ा जिद्दी है। जो ठान लेता है, उसे छोड़ता ही नहीं। जब कहे कि मर जाऊँगा, तो मर ही जाएगा। बौराया हुआ आदमी फाँसी तक लगा सकता है। चाँद को मरने दूँ या सादुल को? क्या करूँ?' वह सोचता रहा।

हफ़्ते-भर पहले की बात है। ग़ुस्से में फाँसी लगा लेने की बात कही थी चाँद ने। तब इमाम ने सोचा था, ग़ुस्से में ऐसा कह रहा है, नहीं तो सादुल से इसे प्यार नहीं है क्या? लेकिन देखते-देखते ही चाँद ने पेड़ से फाँसी का फन्दा लटका लिया था। पट्ठा बना हुआ बेटा फाँसी का फन्दा गले में डालकर झूलने जा रहा था, तो इमाम को बर्दाश्त नहीं हुआ। जाकर उसने झटका देकर रस्सी तोड़ दी थी। पल-भर की देर हुई होती, तो चाँद तड़पकर मर ही जाता!

इमाम को अब बेटे का ज़िद्दी स्वभाव याद हो आया।

'वह पागल कुत्ते की तरह हो गया है। आज मैं सादुल के साथ लौट गया, तो वह कुछ-न-कुछ मुसीबत ज़रूर ही खड़ी करेगा। ख़ुद मरेगा या मुझे ही काटकर फेंक देगा।' इमाम सोचता रहा।

दिन पूरी तरह ढल गया। दो पश्चिमी पहाड़ों के बीच धूप सिमट गई थी। बहुत सोचने के बाद कूटी हुई दवाई इमाम ने दूर फेंक दी।

'धत्...कल को बेटा रूखा-सूखा कुछ खिलाएगा भी या नहीं, नहीं मालूम। लेकिन बीस साल कुछ रूखा-सूखा ही सही, जिसने खिलाया है, उसको कैसे मार सकता हूँ?' उसने सोचा।

वह विचार तो उठा, पर घर लौटने में उसे डर लगने लगा। कुछ देर बैठे रहने के बाद उसे एक उपाय सूझा।

'ठीक है...ऐसा कहकर उसे यक़ीन दिलाया जा सकता है। कल की बात कल देखी जाएगी।' यह सोचकर उसने घर की राह ली। उसे चल पड़ते देखकर सादुल भी उसके पीछे-पीछे चलने लगा।

परछाइयाँ लम्बी हो गई थीं और वे दोनों प्राणी चल रहे थे। सादुल 'गुर्र-गुर्र' करता चल रहा था, तो इमाम चलते-चलते सोच रहा था—

'सादुल को देखे बगैर जो एक दिन नहीं रह सकती थी, वह औरत अब इतनी क्यों बदल गई है... ?'

'सादुल को पेट-भर खिलाए बगैर जो खाता नहीं था, वही चाँद अब इसकी जान का दुस्मन क्यों हो गया है ?...कौन है, जिसने हमारे दिलों में दुस्मनी की आग भड़काई है ? जो मिला वही खाकर पैर मोड़कर पड़े रहनेवाले हम लोगों को किसने ऐसी दुनियादारी के चक्कर में डाल दिया है ? दूध जैसे साफ़दिल आदमियों में किसने ज़हर घोल दिया है ?' इमाम सोचता हुआ चल रहा है। सोचते-सोचते उसे हफ़्ते-भर पहले की एक घटना याद हो आई। दूर किसी गाँव में उन दिनों वे लोग तम्बू डाले हुए थे। खलिहानों में धान की अवाई शुरू हो चुकी थी।

"बेटा चाँद, उठ रे...धान कुछ जमा हो गया है। साइकिल पर इसे घर पहुँचा आना..." बेटे को नींद से जगाते हुए इमाम ने कहा था।

"कल...कल जाएँगे...आज नहीं..." करवट बदलकर लेटते हुए चाँद बुदबुदाया था।

"तुझे अक्किल है भी...कहता है कल...परसों क्या हुआ ? बोरी-भर धान तम्बू में छोड़कर कुछ और इकट्ठा कर लाने के लालच में हम

गाँव में गए थे, तो क्या हुआ? धान कोई उठाकर ले नहीं गया था?...असरफियों की लूट, रुपयों पर मोहर वाली बात नहीं हुई थी? बोरी-भर धान ग़ायब हो गया। कोई ताला-दरवाज़ा भी है हमारा यहाँ? जब जितना जमा होता है, तभी उसे घर में डाल आना चाहिए। तू नहीं जाएगा, तो मैं जाता हूँ।'' चिढ़ते हुए इमाम ने कहा था।

अभी दिन निकला नहीं था। पौ फट ही रही थी। गरमी का मौसम था और हवा ठंडी थी। आँखें मलता हुआ चाँद उठा था। तब तक इमाम ने मकई का दलिया पका लिया था और उसे छाछ में मिलाकर सादुल को खिला दिया था। सवेरे-सवेरे गाँव में घूमकर चार तावीज़ें बेचूँ और शाम के वक़्त खेत-खलिहानों के चक्कर लगाकर भीख में कुछ धान पा सकूँ, यही इमाम की चिन्ता होती थी।

बोरी साइकिल पर बाँधकर इमाम ने बेटे को घर भेज दिया था। बार-बार यह ताक़ीद भी कर दी थी कि दोपहर तक वह ज़रूर लौट आए। फिर वह कोट पहन, सादुल को पकड़ और कोट की जेब में तावीज़ें डालकर गाँव को चल पड़ा था।

इमाम की आवाज़ पतली और तीखी है। उस आवाज़ में वह एक बार— ''साकिनी, डाकिनी, मोहनी, कुंजिनी...पिसाच कोई हो...भूत कोई हो बच्चों को हो, बड़ों...औरत को हो या मरद को हो...सबके लिए तावीजें...तावीज बाँधूँगा...भूत आता हो, बुख़ार आता हो, नींद में चौंकते हों, डर लगता हो...छोटे बच्चों को तावीज़ बाँधूँगा। भाई लोगो, असरदार तावीज़ बाँधूँगा...'' बोलता है, तो बस! सबके सब रुक जाते हैं। रुककर सुनते हैं और छोटे बच्चों को तावीज़ बँधवा देते हैं।

इस पूरी कवायद को और अधिक रोचक बनाती थीं सादुल की हरकतें। थोड़ी देर तक वह तावीज़ को मुँह में छिपा लेता है। फिर जीभ से मुँह में घुमाता है। फिर मुँह में से सीधे ख़रीदनेवालों की ओर फूँक मारकर उछाल देता है। सादुल थोड़ी देर कुछ गिमिक करके तावीज़ थमा दे तो उसका असर ज़्यादा होगा, यह भरोसा देकर इमाम लोगों को उकसाता रहता है।

इस तरह तिराहों-चौराहों के पास, चाय की दुकानों के पास खड़ा होकर, घर-घर घूमकर उस दिन बीस-एक तावीज़ें बेचकर दोपहर होने तक इमाम अपने तम्बू में लौट आया था।

धूप तेज़ हो तो सादुल हाँफने लगता है। जब तक खोपड़ी पर लोटा-भर पानी नहीं पड़ जाता तब तक वह स्वस्थ नहीं हो पाता। चाँद होता, तो आते ही सादुल के सिर पर पूरा मटका ही उड़ेल देता। चारों पैरों को पानी में डुबो देता।

इमाम ने यह सब कुछ नहीं किया था। चुल्लू-भर पानी ही उसने उसके सिर पर छिड़का था और मकई का दलिया घोलकर सामने रख दिया था। उसे गट-गट पीकर सादुल तम्बू के एक कोने में दुबककर पड़ा रहा था। ख़ुद भी कुछ खाकर इमाम ने कमर सीधी की थी। गाँव के पास टिकें, तो कुत्ते सादुल को देखकर भौंकते रहेंगे, यह सोचकर इमाम ने गाँव से दूर परती में अपना तम्बू लगा लिया था। गरमी का मौसम होने से तम्बू के नीचे भी ज़मीन तप रही थी और हवा गरम थी। सादुल के लिए सारी ज़मीन पर पानी का छिड़काव करके और टाट बिछाकर चाँद ने ठंडा कर रखा था। जिस जगह ठंडा रहता है सादुल वहीं सोता है।

इमाम की आँख लगी ही थी कि नींद खुल गई। चाँद अभी लौटा नहीं था। आमतौर पर जब इमाम अनुमान करता कि चाँद अब तक घर पहुँच गया होगा, तभी वह लौटकर तम्बू में पहुँच जाता था। यह पूछने पर कि इतनी जल्दी भी क्या थी, तो कहता, ''सादुल का तुम ठीक से ख़याल नहीं रखते। बखत पर न खाना देते हो, न पानी।''

दिन ढल चुका था। धान माँगने के लिए खलिहानों में घूमने का वक़्त हो गया था। लेकिन चाँद लौटा नहीं था। साथ में चाँद हो, तभी खलिहानों में सुभीता रहता था। वह सादुल को पकड़े रहता, तो चाँद धान भर लेता था। बोरी भरते ही तम्बू में डाल आता था।

खलिहान के पास सादुल के खेल दूसरे ही तरह के होते थे। वह पूरे खलिहान की परिक्रमा कर आता था। फिर पिछली टाँगों पर धान के

ढेर के सामने खड़े होकर सलाम करता था। धान के ढेर पर लकीरें खींचता था। किसान लोग विश्वास करते हैं कि भालू के ऐसा करने से फ़सल ज़्यादा उतरती है और इमाम को भीख भी ख़ूब देते हैं।

चाँद की राह देखते-देखते इमाम उस रोज़ खलिहानों में गया ही नहीं था। भोर के समय कुछ-कुछ अँधेरे में उठकर इमाम ने सादुल के लेटने की जगह पानी का छिड़काव कर दिया था और उसे दलिया मिला मट्ठा पिला दिया था। फिर ख़ुद कुछ खाकर कोट पहन लिया था।

तब भी चाँद नहीं आया था।

इमाम को चिन्ता हुई थी। कहीं कुछ बात तो नहीं हुई है! उसने सोचा था। फिर बाहर आकर उसने गाँव में फ़ोन किया था और बीबम्मा को बुलवाकर बात की थी।

"थानेदार ने मिलने को कहा है। मिलने बस्ती में गया है। कल भेज दूँगी।" बीबम्मा ने कहा था। थानेदार का नाम सुनते ही इमाम के पसीने छूटने लगे थे। 'इन खलिहानों से जो भी कमाया वह सब ग़ायब हुआ ही समझो। परसों डरा-धमकाकर दो सौ रुपए झटक लिये थे। उन लोगों से तो चोर ही भले।' उसने मन में कहा था।

पुलिस के सिपाहियों का उसे बुलाकर हमेशा डराना-धमकाना और दस-बीस लेकर छोड़ देना तो मामूली बात हो गई थी। इन दिनों यह झंझट और भी ज़्यादा हो गया था। रेट सैकड़ों तक पहुँच गया था।

तीसरे रोज़ दिन डूबते वक़्त चाँद लौटा तो "क्या हुआ रे! कितना खींचा थानेदार ने?" इमाम ने पूछा था।

"थानेदार कोई नया आया है अब्बू!...बहुत भला आदमी है। हमारी ज़िन्दगी को समझनेवाला है।" चाँद ने कहा था। हमेशा पुलिसवालों को भारी-भरकम गालियाँ देनेवाले चाँद ने तारीफ़ की तो अचरज से इमाम ने सारी बात पूछी थी।

"हाँ अब्बू! थाने में कोई जाता है तो पुलिसवाले कैसे तू-तड़ाक करते हैं और गाली बकते हैं। यह ऐसा नहीं है! नाम से पुकारा मुझे।

बताया कि हमारी ही जात का है। बचपन में हमारी ही तरह भालू से खेला था। हमारे लिए कोई राह निकालने की बात कर रहा है। जंगल का अमीन भी वहाँ आया था। कहता था कि जानवरों से खेल खिलाना जुर्म है।'' उसने कहा था।

अब तक इमाम ने नोच खानेवाले पुलिसवाले ही देखे थे। जीने की राह दिखानेवाला कोई नहीं मिला था। अचरज से आँखें फाड़-फाड़कर उसने पूछा था, ''कौन-सी राह दिखाएगा?''

''कहा कि सरकार की तरफ़ से बंजर ज़मीनें बाँट रहे हैं। हमें भी कुछ ज़मीन दिलवाने की बात कही है। कहा कि एम.आर.ओ. से बात करूँगा। बिठाकर मुझे चाय भी पिलाई।'' चाँद ने कहा था।

ज़मीन की बात पर इमाम यक़ीन नहीं कर सका था—''सब बेकार की बातें हैं।'' कहकर उस बात को उसने ख़ारिज कर दिया था।

''हमारी तकलीफ़ें जाननेवाला आदमी है अब्बू...इसीलिए मदद करना चाहता है। पराए को हमारी फिकिर क्यों होगी? अपना ही आदमी है, इसीलिए हमारे लिए कुछ दरद महसूस कर रहा है।''

थानेदार ने उसके सामने किस-किस को फ़ोन किया था, सरपंच से क्या बात की थी, यह सब भी चाँद ने बताया था। इमाम को फिर भी यक़ीन नहीं हुआ था।

इतने बरसों की ज़िन्दगी में वह पुलिसवालों से चोर-सिपाही का खेल ही खेलता आया था। जो झटकना होता था, वह झटक लेने के बाद भी देखते ही डाँट और गाली की बौछार करनेवालों से ही उसका साबिका पड़ा था।

''अरे चाँद...पुलिसवालों की बातें भी कभी यक़ीन करनेवाली होती हैं रे! उन लोगों ने हमें कभी इनसान समझा है? सारंपल्ली में हम दोनों को कितना परेशान किया था, ज़रा याद कर!'' इमाम ने कहा था।

सारंपल्ली का नाम सुनने ही चाँद को भी डर लगा था।

पाँच साल पहले का क़िस्सा था। चाँद का ख़याल था कि वे लोग जब किसी इलाक़े में पहुँचते हैं, तो पहले वहाँ के थाने के लोगों से मिलना ठीक रहता है।

इमाम को यह बात पसन्द नहीं थी। उसका ख़याल था कि कांजी-हाउस में बन्द बैल जिस तरह गोबर किए बग़ैर नहीं रहता, उसी तरह थाने में गया हुआ आदमी दंड दिए बग़ैर नहीं छूटता। बेकार में वहाँ जाकर उनको सौ-पचास चढ़ाने से क्या फ़ायदा? पत्ते की आड़ में नन्हे-मुन्ने फल की तरह छिपे रहकर किसी तरह माँग-मूँगकर सही-सलामत अपने घर चले जाएँ तो ठीक नहीं होगा? इमाम ऐसा सोचता था।

शुरू-शुरू में चाँद भी ऐसा ही सोचता था। सोचता कि जो सौ-पचास पुलिसवालों को देने हैं, वे अपने पास रहें, तो हमारा एक महीना निकल नहीं जाएगा? इसके अलावा पुलिसवाले एक-दो ही बार लेकर छोड़नेवाले तो हैं नहीं। कहते हैं कि किसी भी गाँव में भालू नचाने जब आओ तब हमसे मिलो। मिलने जाते, तो कोई-न-कोई चीज़ ख़रीद लाने को कहते। कभी-कभी तो तावीज़ भी माँग लेते।

इस सारी मुसीबत से फ़ायदा क्या? यह सोचकर चाँद ने पुलिसवालों से मिलना छोड़ दिया था। एक बार किसी गाँव में चोरी हुई। तब ये लोग उसी गाँव में थे। पुलिसवालों को शक इन्हीं लोगों पर हुआ। इन लोगों के लाख अपने को बेगुनाह कहने पर भी किसी ने सुना ही नहीं।

"यहाँ आए हो, तो आते ही थाने में हाज़िरी देनी नहीं चाहिए थी?" कहकर बाप-बेटे दोनों को अन्दर डालकर धुनाई की थी। उस सीजन में जितनी भीख बटोरी थी, वह सब हिरासत से बाहर आने में ख़त्म हो गई थी। तब से उसने तय कर लिया था कि अच्छा-बुरा चाहे जो हो, उन लोगों के पैरों पड़ना पड़े, तो भी कोई बात नहीं। पर थाने में हाज़िरी देनी ज़रूर है।

इसके बाद सारंपल्ली में आने से पहले मंडल के थाने में जाकर चाँद थानेदार से मिला था।

''जाओ, खेल दिखा लो!'' थानेदार ने कृपापूर्वक कहा था। सुनकर चाँद ने सोचा था, 'कैसा धर्मात्मा है!'

दो दिन बाद किसी मुक़दमे के सिलसिले में थानेदार सारंपल्ली आया हुआ था। बाज़ार में खेल दिखा रहे बाप-बेटे को देखकर वह एकदम गालियाँ बकने लगा था।

''सरकार! परसों मेरा बेटा आपसे मिला तो था...आपने खेल दिखा लेने की इजाज़त दी थी।'' इमाम ने चिरौरी की थी।

''अरे...थाने में आ जाना... ख़बर लेता हूँ तुम दोनों की...'' थानेदार ने कहा था।

सादुल को लेकर शाम को दोनों थाने पहुँचे थे। सवेरा होने से पहले थानेदार थाने में नहीं आया था। उसके आने तक सब भूखे-प्यासे इन्तज़ार में पड़े रहे थे। बाप-बेटा तो भूख बर्दाश्त कर सके थे। लेकिन सादुल नहीं कर सका था। भूख से वह चीख़ें निकालने लगा था। उसे देखकर बाप-बेटे दोनों का दिल तड़प उठा था।

थाने में आकर थानेदार ने दोनों को सारे थाने को बुहारकर धो देने का हुक्म देकर चला गया था। सफ़ाई करते-करते दिन ढल गया था। बीच में कुछ खा आने की बात कही, तो सिपाही माने नहीं थे। बन्दूक़ का कुन्दा दिखा दिया था!

जान बची लाखों पाए, यह सोचते हुए तीनों शाम के वक़्त बाहर निकल आए थे। उसके बाद उस मंडल में कभी उन दोनों ने क़दम नहीं रखा था।

''ऐसा ही होता है रे चाँद...पहले इसी तरह बात करेंगे। फँसने के बाद कोड़े लगाएँगे।'' इमाम ने कहा था।

''नहीं अब्बा, सभी ऐसे नहीं होते। मैंने बताया न?...हमारी ही जात का है। एम.आर.ओ. आया था और उसने हमारा नाम भी लिख लिया था। सरपंच ने भी लिख लिया है। कहा कि ख़र्चा होगा। ज़मीन अकेले हमको ही नहीं, बताते हैं कि दस-बारह और लोगों को भी

देनेवाले हैं। यह भी सुना है कि जाने कब से यह स्कीम चल रही है। सरपंच पैरवी करेगा।'' इसके बाद उन लोगों के नाम, पैरवी कब शुरू हुई थी, कितना ख़र्चा किया था, कहाँ तक बात पहुँची है, यह सब उसने पिता को कह सुनाया था।

तब कहीं जाकर इमाम को कुछ तसल्ली हुई थी।

''तो ज़मीन कब देने की बात कही उसने? कितनी ज़मीन देगा?'' इमाम ने बड़ी चाह से पूछा था। तभी वह कल्पना में देखने लगा था कि वह किसान बन गया है, खलिहान में बैठा है और उसका भालू धान के ढेर की परिक्रमा कर रहा है।

''एम.आर.ओ. बस्ती में नहीं हैं। कहते हैं कि कल सब कुछ मालूम हो जाएगा। लेकिन एक सरत रखी है।'' चाँद ने कहा था।

''सरत!...कैसी सरत... ?'' इमाम ने इतने भरोसे के साथ पूछा था जैसे शर्त कोई भी हो, वह पूरी कर देगा।

''भालू को नचाना बन्द करना होगा।'' चाँद ने कहा था।

हँसते हुए इमाम बोला था, ''क्यों नचाएँगे...और कब नचाएँगे... ज़मीन मिलेगी तो हमारे करने को ढेर सारा काम होगा न!''

''कहते हैं कि सादुल को शहर के चिड़िया-घर में भेज देना होगा।...घर में नहीं रहने देंगे उसे।''

इमाम चौंका था। उसके दिल की धड़कन बढ़ गई थी। बेटे का फ़ैसला कितना पक्का है, यह उस क्षण उसे मालूम नहीं हो सका था। इसीलिए बात को उड़ाते हुए उसने कहा था, ''तूने क्या कहा रे!''

''हमारे पास भालू नहीं है। हफ्ता भर पहले दमे की बीमारी से मर गया है। यह कहा है मैंने तो!''

''अफ़सर ने क्या कहा?''

''सरपंच और दो-तीन दूसरे लोगों से पूछा। उन लोगों ने यही कहा कि हफ़्ते-दस दिन से वह दिखाई नहीं पड़ा है। अफ़सर को मेरी बात पर यक़ीन हो गया। अगर तेरी बात झूठ निकली, तो

तेरी जान नहीं बचेगी कहकर मुझे धमकाया भी था उसने।'' चाँद ने बताया था।

सुनकर इमाम चुप हो गया था। उस रोज़ शाम को उसमें खलिहानों में जाने का उत्साह नहीं रहा था। कोई नामालूम-सा डर उसे सताने लगा था। 'पहले के पुलिसवाले ही अच्छे थे। सौ-पचास हाथ में आते ही देखकर अनदेखा कर जाते थे।' उसने सोचा था।

फिर रोज़ की तरह सवेरे इमाम गाँव की ओर चल पड़ा था। एक-एक दिन में दो-तीन गलियों में वह घूमता रहा था। एक गाँव का चक्कर पूरा होते ही साथ के गाँव में तम्बू लगाता रहा था। सारा सामान चाँद साइकिल पर तम्बू में पहुँचा देता था।

हमेशा सादुल के आगे या पीछे चलते हुए रास्ता रोकनेवाले आवारा कुत्तों को दूर भगा देनेवाला चाँद साथ चलने के लिए उस रोज़ नींद से उठा नहीं था। इमाम ने भाँप लिया था कि वह किसी गहरी सोच में है। वह सोच क्या है, यह इमाम समझ गया था। इसलिए बेटे को कुरेदकर पूछने में उसे डर लगा था। बिना बात किए वह बाहर निकल आया था।

चार गलियों में घूमकर तावीज़ें बेचने के बाद जब इमाम भरी दोपहर में तम्बू के पास लौटा था, तो देखा था कि चाँद साइकिल पर चढ़कर कहीं जाने लगा है।

''किधर?'' इमाम ने पूछा था।

''गाँव जा रहा हूँ।'' कहता हुआ बिना पीछे मुड़कर देखे वह चला गया था।

तब का गया हुआ चाँद दो दिन से पहले लौटकर नहीं आया था। इमाम चिढ़ता-कुढ़ता रहा था। पन्द्रह दिनों में खलिहानों का काम पूरा होनेवाला था। थोड़ी या बहुत जो भीख मिल सकती थी, वह इन्हीं दिनों मिल सकती थी। हमेशा इमाम खलिहानों से छह महीने के गुज़ारे लायक़ धान जमा कर लेता था। इमाम से ज़्यादा चाँद को इस बात की फ़िक्र

रहती थी कि शाम तक बोरी भर जाए! अँधेरा हो जाए या इमाम मना करे, तब भी वह सुनता नहीं था।

ऐसा चाँद काम छोड़कर घूम रहा था, तो इमाम को ग़ुस्सा आना ही था। इसके अलावा भालू के खाने के लिए तम्बू में कुछ नहीं था। मकई ख़रीदवानी थी।

"इस तरह घूमने का क्या मतलब? अरे पगले! मौक़े पर काम न करके बाद में रोने से क्या फ़ायदा रे...खलिहानों से ही तो चार दाने मिलते हैं! अब इस तरह घूमेगा, तो छह महीने तक खाओगे क्या? सादुल के लिए मकई नहीं है। दुकान से लानी है। एक यहाँ रहेगा तो दूसरा ला सकता हैं न!" चाँद के लौटने पर इमाम ने उसे फटकारा था।

सुनकर मुस्कुराते हुए चाँद ने कहा था, "अब्बा...तुम्हारे दादा या बाप के पास कभी दो एकड़ ज़मीन थी क्या?"

ज़मीन का नाम सुनते ही इमाम को डर सताने लगा था। गुस्सा दुगुना हो गया था। उसी तेज़ी से उसने कहा था, "दो एकड़ ज़मीन होती, तो...इस तरह दर-दर क्यों भटकता-फिरता रे...खेती-बाड़ी नहीं करता?"

"वही अब मिलनेवाली है। कल थानेदार साहब ने एम.आर.ओ. साहब को बता दिया है। नाम भी लिखवा दिया है।"

रात का समय। थोड़ा-बहुत मकई का दलिया जो बचा था, उसे मटके में लेकर इमाम सादुल के लिए पका रहा था। सवेरे घर-घर घूमकर उसने जो भात भीख में इकट्ठा कर लिया था, उसे उसने अपने लिए रख लिया था।

चूल्हा जल नहीं रहा था। इमाम बाँस की नली से फूँक मार रहा था। चाँद की बातों से उसका दिल भारी हो गया था। ज़ोर-ज़ोर से फूँक मारकर दिल का बोझ उतारने की वह कोशिश कर रहा था।

चाँद ऐसे बोले जा रहा था जैसे तन्मयावस्था में हो।

"कल हम दोनों को बुलाया है अब्बा...कहते हैं...तुमसे बात करनी है।"

दुश्चिन्ता से इमाम पूछा था, "दोनों जाएँगे, तो फिर सादुल?" चाँद के चेहरे पर कोई भाव या चिन्ता नहीं थी।

"आज ही रात को सादुल को छोड़ देंगे।" लापरवाही से उसने ऐसे कहा था, जैसे कह रहा हो, यह भी कोई समस्या है? इमाम को बेटे की बात समझ में नहीं आई थी। लकड़ी को चूल्हे में आगे बढ़ाते-बढ़ाते रुककर वह बेटे की तरफ़ अजीब तरह से देखने लगा था। धुँधली चाँदनी में उसे बेटे का चेहरा साफ़ दिखाई नहीं दे रहा था।

"क्या कहता है तू? छोड़ देगा...कहाँ... ?" इमाम ने पूछा था।

"जंगल में...अपनी जगह वापस चला जाएगा।" चाँद ने लापरवाही से हँसते हुए कहा था। सुनकर इमाम का सिर भन्नाने लगा था। उसका गला ऐसे फँस गया था जैसे न सुनने लायक़ कोई बात सुन ली हो। हाथों और पैरों में कमज़ोरी भर गई थी। हाथ की फुँकनी छूट गई थी। चूल्हे पर रखा अदहन उबल आया था। उबलते अदहन में नमक की डली डालने का ख़याल तक उसे नहीं रहा था। अदहन ने चूल्हे को बुझा दिया था।

"जंगल में...जंगल के जानवर को घर में ले आए हैं हम, उसकी आदतें बदली हैं हमने। बीस बरस अपने साथ घुमाते रहे। अब एकाएक जंगल में छोड़ दें, तो क्या खाएगा यह?" इमाम ने ऐसे कहा था जैसे इस बात की कल्पना तक उसके लिए असह्य हो।

बाप की बातों से चाँद को ऊब हुई थी।

"जंगल में नहीं, तो गाँव में? गाँव में ले जाएँगे, तो ज़मीन की बात छोड़ो, हम ही नहीं रहेंगे। अन्दर बिठा देंगे।" उकताहट से चाँद ने कहा था।

इमाम ने ज़बान नहीं खोली थी। अधपका दलिया सादुल के तसले में डालकर ठंडा होने के लिए छोड़ दिया था! सादुल चाँदनी में फुर्ती से

घूम रहा था। बाप ने ज़बान नहीं खोली, तो बेटा ही बोला था, ''सवेरे उठेंगे हम...सामान बाँधेंगे, साइकिल पर रख लेंगे। सादुल को गाँव के पार वाले जंगल में छोड़ते हुए चलेंगे। फिर सीधे मंडल के थाने में जाकर थानेदार से और दूसरे अफ़सरों से मिलेंगे।''

''मैं नहीं आता। तू ही जा!'' इमाम ने तेज़ी से कहा था।

इतनी ही तेज़ी से चाँद बोल पड़ा था, ''मेरे जाने से काम नहीं होगा। कहते हैं कि तुमको ही आना है। ज़मीन तुम्हारे ही नाम पर देने की बात है। कहा है, अपने बाप को लेकर आना!''

इमाम ने चुप्पी साध ली थी। भालू को दलिया में छाछ मिलाकर खिलाया था और ख़ुद बिना कुछ खाए सिमटकर लेट गया था। उसे नींद नहीं आ रही थी। आँख लगती भी थी, तो दुःस्वप्नों से चौंककर वह उठ पड़ता था। लेकिन चाँद खर्राटे मार रहा था। नींद में 'ज़मीन...ज़मीन' कहकर बुदबुदा रहा था।

सवेरा हुआ लेकिन वह उन दोनों ही के लिए सुखद नहीं था। मुँह-अँधेरे ही जगा हुआ चाँद तम्बू को सहेजने लगा था। इमाम का दिल फटा जा रहा था। उसने झल्लाहट से बेटे को रोका था।

एक चल पड़ने की बात कहता, तो दूसरा मना कर देता। दोनों में तकरार बढ़ी थी। ग़ुस्से में चाँद ने फिर अपने ब्रह्मास्त्र का प्रयोग किया था। उसने हाथ में रस्सी ले ली थी।

''अब यहाँ से निकलोगे या मुझे फाँसी लगा लेने को कहते हो?'' तैश में आकर उसने पूछा था।

''तेरी मरजी...मैं तो नहीं चलता। चलूँ, तब भी सादुल को नहीं छोड़ूँगा।'' इमाम ने दो-टूक बात कही थी।

चाँद की आँखों में ख़ून उतर आया था। पास खड़े पेड़ पर उसने रस्सी कसी थी। देखते-ही-देखते डाल पर चढ़कर उसने रस्सी का फन्दा गले में डाल लिया था।

इमाम ऐसे चौंका था मानो बिजली गिरी हो। चाँद सचमुच ऐसा

कर सकता है, यह बात उसने सपने में भी नहीं सोची थी। कुल्हाड़ी हाथ में लेकर उसने रस्सी काट दी थी। उसके बाद वहीं निढाल हो गया था।

चाँद ने एक दूसरी रस्सी हाथ में ले ली थी। इमाम को रोना आ गया था और साथ ही वह बुरी तरह सहम भी गया था। जवान बेटा हाथ से निकला जा रहा था, तो वह काँपने लगा था। बेटे के सामने जाकर उसने उसे रोका था और रोते हुए कहा था, "अरे बेटा...ऐसा मत कर, मत कर...तेरे पैर पड़ता हूँ!"

चाँद शान्त नहीं हुआ था। ज़िद पर अड़ा रहा था। अपने हठ से एक सीढ़ी भी वह नीचे उतर आने को तैयार नहीं हुआ था।

कहा था, "अब तो रोक लिया। गाँव जाकर ज़हर खा लूँ...तब...तब कैसे रोकोगे?"

इमाम सोच में पड़ गया था। यह डर उसके मन को गहरा मथने लगा था। माँ के कहने से शायद शान्त हो जाए, इस उम्मीद से उसने गाँव में फ़ोन किया था।

"अरे...पगले...अभी निकले नहीं वहाँ से? दो छड़ीदार घर आकर लौट गए हैं।" बीबम्मा ने बेटे को उलाहना दिया था।

इमाम के हाथ-पैर ठंडे पड़ गए थे। चाँद और उतावला हो गया था। इमाम ने बेटे को मनाने की बहुत कोशिश की। पर सब बेकार। बात-बात पर वह रस्सी हाथ में ले लेता था।

बहस-बहस में ही शाम हो गई थी।

इमाम कुछ भी तय करने की स्थिति में नहीं था। उसकी टालमटोल को देखकर चाँद ने एक डेड लाइन रखी थी। एक घंटे में रवाना होना होगा, वरना उसकी लाश रवाना होगी।

सादुल को लेकर इमाम ने बहुत बातें कही थीं। कहा था कि उसने बीस बरस तक हमारा पालन किया है, उसके बिना अपनी ज़िन्दगी के बारे में सोचा भी नहीं जा सकता था, उसने जो क़ुर्बानी दी है, उसे

भूलना नहीं चाहिए वगैरह-वगैरह। लेकिन उसकी एक भी दलील चाँद के दिमाग़ में नहीं घुसी थी।

जब इमाम को मालूम हो गया कि एक भी बात बेटे के दिमाग़ में घुस नहीं रही है, तब उसने विरक्त भाव से सोचा था, 'छाती का दूध पिलाकर जिसने पाला, बेटे की तरह परवरिस की, उसी के दिल में जब प्यार नहीं है, तब तुझे क्यों होगा रे!' जब उसने चाँद की मौत और सादुल का बिछोह, दोनों को तोलकर देखा, तो उसे लगा था कि सादुल के बिछोह को सहना ही उसके लिए सम्भव होगा। हमेशा के लिए छोड़ देने से पहले कम-से-कम पेट-भर खाना तो खिला दूँ, यह सोचकर इमाम ने चाँद से खाना लाने को कहा था। आधे घंटे में चाँद साइकिल पर गाँव से दो सेर मक्की का दलिया ले आया था। बिना बताए ही एक लीटर दही भी साथ ले आया था।

काँपते हृदय से इमाम ने सादुल को पेट-भर दलियावाला मट्ठा पिला दिया था। पिता का निश्चय कहीं बदल न जाए, इस आशंका से चाँद ने जल्दी-जल्दी सारा सामान गठरियों में बाँध लिया था। सादुल से जुड़ी चीज़ें—पानी का टब, दलिया खिलानेवाला तसला, सूती पगही, बेंत, दवाई पिलानेवाली चोंगी, टाट की बोरी सबको उसने दूर फेंक दिया था।

साइकिल को थामे चाँद और भालू को थामे इमाम...दोनों चाँदनी के उजास में निकल पड़े थे। गाँव से बाहर आते ही, "अब्बा...उसे छोड़ दो..." चाँद ने कहा था।

"अरे बेटा, यह गाँव की सरहद है...कुत्ते घूम रहे हैं। देखेंगे, तो काटकर टुकड़े-टुकड़े कर देंगे। आदमी देखेंगे, तो मार-मारकर बेदम कर देंगे। थोड़ा और आगे चलते हैं..." इमाम ने कहा था। दोनों जंगल के बीच में आ गए थे।

"अब्बा, छोड़ो!" साइकिल पर आगे-आगे चलते हुए चाँद ने कहा था।

"यह बीच जंगल है रे बेटा...पीने के लिए पानी तक नहीं मिलता यहाँ। सादुल को घड़ा-घड़ा भर पानी चाहिए पीने को। नहीं तो...चीख-चीखकर मर जाएगा। ज़रा आगे ऐसी जगह छोड़ देंगे, जहाँ पानी मिले।" इमाम बोला था।

चाँद अन्दर-ही-अन्दर जल-भुन रहा था। फिर भी वह चुप था। अपना ग़ुस्सा वह साइकिल पर दिखा रहा था! चाँदनी रात। चारों तरफ़ निस्तब्धता छाई थी। आगे चाँद और पीछे सादुल...। तीनों चुपचाप चले जा रहे थे। इस बार बाप के मुँह से ही वह बात सुनने की अपेक्षा से चाँद चुपचाप चलता ही जा रहा था।

अब तीनों घने जंगल में पहुँच गए थे। देख-देखकर मन में उठ रहे ग़ुस्से को दबाते हुए चाँद ने कहा था, "अब्बा!"

"कहने के लिए तो यह बड़ा जंगल है। लेकिन हमेशा आदमी घूमते ही रहते हैं भाई! जंगल में जीने के तौर-तरीक़े यह जानता नहीं है न! किसी की नज़र इस पर पड़ी, तो मारकर खाल बेच लेगा।" इमाम ने शंका व्यक्त की थी।

ग़ुस्से से साइकिल को नीचे गिराकर चाँद पिता के सामने आ गया था। पिता के हाथ से उसने भालू की रस्सी छीन ली थी। इमाम बुत बना खड़ा रह गया था।

चाँद ने ग़ुस्से से सादुल की गरदन से रस्सी खोल दी थी और उसे जंगल की ओर खदेड़ दिया था।

"बेल्ट रे...थूथन की बेल्ट निकाल दे रे...नहीं तो भूख से मर जाएगा।" इमाम चिल्लाया था।

चाँद झपटकर दो छलाँगों में सादुल के पास पहुँच गया था। उसने हुक हटाया, बेल्ट खोली और उसे दूर फेंक दिया था। फिर पत्थरों से मार-मारकर सादुल को दूर भगा दिया था।

थोड़ी दूर जाकर सादुल खड़ा हो गया था और मुड़कर देखने लगा था। चाँद ने एक पत्थर और मारा था। सादुल थोड़ी दूर और आगे

जाकर रुका था। इस पर उसे और दूर खदेड़ते हुए चाँद ने कई पत्थर मारे थे।

दिन-भर की यातना, संघर्ष, बीस बरस का साहचर्य, सब याद आने लगे, तो इमाम को रोना आ गया था। घुटनों के बल बैठकर वह ऐसे रोया था जैसे कोई अपने चाहनेवाले के शव के पास रोता है।

सादुल को खदेड़-खदेड़कर दूर भगाने के बाद चाँद बाप के पास आ गया था। उसने झटके से उठाकर बाप को साइकिल पर बिठा लिया था। इमाम अब भी सुबक रहा था। आँखों से आँसू टपक रहे थे। चाँद ने साइकिल की गति तेज़ की थी। थोड़ी दूर तक सादुल की चीख़ें दोनों का पीछा करती रही थीं।

पौ फटते-फटते दोनों घर पहुँचे थे।

उस दिन इमाम के गले में पानी तक नहीं गया था। वह रोता-बिसूरता ही रहा था।

उसी रात सादुल घर ऐसे पहुँच गया था जैसे इमाम की व्यथा को सूँघकर उसे ढूँढ़ता-ढूँढ़ता आ पहुँचा हो। कँटीली झाड़ियों को पार करके, बाड़ों को फाँदकर और गाँवों के कुत्तों से संघर्ष करता हुआ वह आया था और उसके बदन पर जगह-जगह घाव थे।

सादुल को देखकर चाँद और बीबम्मा ने एकाएक रोना शुरू कर दिया था, लेकिन इमाम ख़ुशी से फूल उठा था। लेकिन उसकी ख़ुशी ज़्यादा देर टिकी नहीं रह सकी थी। चाँद और बीबम्मा ने ज़िद पकड़ी थी और मरने की धमकी भी दी थी। फिर बीबम्मा के भाइयों के हाथ सादुल को बेच आने के लिए रात-रात में ही इमाम को रवाना कर दिया था।

इमाम पिछली बातें याद करता हुआ और सोचता हुआ भारी क़दमों से घर की तरफ़ चल रहा है। सोच में डूबे होने के कारण कब दिन

ढल गया, इसका उसे पता नहीं चला। अँधियारे की पतली-पतली परतें पसरी हुई थीं। गाँव अभी बहुत दूर था। उसने पीछे मुड़कर देखा। सादुल 'गुर्र-गुर्र' करता उसके पीछे झूमता चला आ रहा था।

"तेरे साथ मैं जो बेइन्साफ़ी कर रहा हूँ, उसके लिए मेरी जान ले लेने की बजाय क्यों तू मुझ पर इतना भरोसा करता है रे!..." सादुल को सकरुण देखते हुए इमाम ने विषण्ण मन से सोचा।

'घर-पहुँचकर माँ-बेटे को समझाने-बुझाने के लिए मैंने जो तरकीब सोची है, वह वहाँ काम करेगी या नहीं,' इस बात की चिन्ता एक तरफ़ सता रही थी, तो 'रोज़-रोज की ऐसी हाय-हाय के बीच सादुल को कितने दिन इस तरह बचाकर रख सकूँगा,' ऐसी चिन्ता दूसरी तरफ़, तो इमाम की चाल और धीमी पड़ गई।

मेरे साथ इन्साफ़ नहीं किया है मामा तुमने...हमेशा तुम्हारी बेगारी करता रहा हूँ। कहते तो रहे कि मिलेगी, ज़मीन ज़रूर मिलेगी। आख़िर में देखो, तो लिस्ट में नाम ही नहीं है।" महुए की शराब का अद्धा मेज़ पर रखते हुए बुच्चय्या ने शिकायत के स्वर में कहा।

शराब की बोतल पर नज़र पड़ते ही चटखारे लेते हुए सरपंच ने कहा, "क्या करूँ रे बुच्चय्या, लिस्ट सारी तैयार हो गई थी। तुम्हारा बारहवाँ नम्बर था। आर.डी.ओ. के दफ़्तर में जाने के बाद वह बदल गई। वह साला है न! इममवा। उसका नाम घुसेड़ा गया है। सो तुम्हारा नाम जो आख़िरी था वह कट गया।"

कुर्सी पर बैठे बुच्चय्या ने हताशा के साथ शराब की बोतल खोली।

"मामा! मैं भी कौन-सा धन्ना सेठ हूँ, बताओ! बित्ता-भर ज़मीन है मेरे पास? रोज़गार है कोई! मजूरी करने की सोचूँ तो वह भी नहीं मिलती। जब बताया गया कि ज़मीन देंगे, तो करजा करके पाँच-छह

हज़ार रुपए मैंने खरच भी कर डाले। अब ज़हर खाकर मरने के सिवा चारा कोई नहीं है।'' बुच्चय्या ने व्यथित स्वर में कहा। सरपंच आकर बुच्चय्या के सामने बैठ गया। गिलास और चिउड़ा वगैरह आ गए। शराब की तेज़ गन्ध कमरे में फैल गई।

''क्या करें...आख़िरी मिनट में थानेदार ने उँगली घुसेड़ दी। सुनते हैं कि उसी ने इममवा की सिफारिश की थी। अफ़सर लोग कैसे होते हैं... ? आपस में एक–दूसरे से मिले होते हैं। उनका अपना कोटा भी तो होता है!'' सरपंच ने कहा।

शराब के दो दौर चले। बोतल से शराब सिर में चढ़ गई।

''तो अब अपनी सारी कोशिश को नाकाम हुआ ही समझूँ?'' बुच्चय्या ने दुखी होकर पूछा।

''अभी फाइनल कहाँ हुआ है ? आर.ओ.आर. के दस्तख़त होने हैं। ज़मीन के पट्टों को वहाँ से आना है। अभी न पेट है न बच्चा...आज ही पत्थर गाड़कर चक बनाके देखा है। फाइल अभी आर.डी.ओ. के ही पास है। अभी कलक्टर के पास गई नहीं है।'' चिउड़ा चबाते–चबाते सरपंच ने कहा।

बुच्चय्या में आशा जगी। ''अभी कुछ हो सकता हो तो करो... ज़रा हमारा ख़याल रखना। भगवान तुम्हारा भला करेगा।'' अनुनय के स्वर में बुच्चय्या ने कहा।

''लिस्ट में से किसी एक का नाम कटवाना पड़ेगा। तभी तुम्हारा नाम चढ़ेगा...'' मस्त होते–होते सरपंच ने कहा।

''मुझे क्या बताते हो, जो करना है, तुम्हीं को करना है न!''

''कटाऊँ तो किसका कटाऊँ...बारह में से ग्यारह तो मेरे ही बताए हुए लोग हैं।'' चिन्तित स्वर में सरपंच ने कहा।

''जो बारहवाँ है...''

''थानेदार तगड़ा आदमी है। पॉलिटिकल पावर भी है। कलक्टर तक को मना लेगा। ईमानदार आदमी है। क़ायदे से चलनेवाला।'' सरपंच बोला।

''तब कैसे करें...उम्मीद छोड़ दूँ?''

''रास्ता बस एक ही है...थानेदार से ही उसका नाम कटवाना पड़ेगा...मतलब है, उसे ग़ुस्सा दिलवाना होगा।...एक यही रास्ता है...'' आख़िरी दौर पूरा करते हुए सरपंच ने फ़ैसला-सा देते हुए कहा।

''कैसे करें?'' कुछ समझ में नहीं आया, तो गिलास नीचे रखते हुए बुच्चय्या ने पूछा।

''कुछ नहीं...भालू उसके पास नहीं है, बेरोज़गार है, इसी वजह से थानेदार ने उस मदारी के नाम की सिफ़ारिश की है। भालू उसके पास अभी है, इस बात का हमें उसे यक़ीन दिलवाना पड़ेगा। तब 'साले! मुझे ही धोखा देता है?' कहकर वह उसकी धुनाई करेगा, नाम काटेगा। तभी तुम्हारा नाम लिस्ट में चढ़ेगा।''

''सचमुच उसके पास है...या नहीं...'' शंका करते हुए बुच्चय्या ने पूछा।

''कौन जानता है रे...हम गाँव में होते हैं और वह गाँव से बाहर। देखने कौन जाता है? लेकिन एक बात ज़रूर है। ज़मीन को लेकर इतना हल्ला हो रहा है न, वह एक दिन भी दफ़्तर में नहीं आया। उसका लड़का ही चक्कर लगाता रहता है। इससे शक तो होता है कि भालू को लेकर कहीं घूम रहा होगा।''

''यह मामला तो पता लगाने लायक़ ही है...'' उठते हुए बुच्चय्या ने कहा।

''दिख जाए तो बताना! थानेदार के कान में डाल देते हैं।'' सरपंच झूमते हुए उठ पड़ा।

तब तक रात काफ़ी बीत चुकी थी। गाँव नींद में डूबा हुआ था।

पूर्णिमा आने ही वाली है। ठंडी चाँदनी ऐसे फैली है जैसे सफ़ेद आटा चारों तरफ़ फैला दिया गया हो। रात ऊँघ रही है।

सादुल मस्ती में चल रहा है। इमाम पैर घसीट रहा है। जाने क्यों, चाँदनी इमाम को सुहा नहीं रही है। अँधेरा होता, तो कुछ हिम्मत के साथ वह चलता रहता। चाँदनी में सहमा-सहमा सा चल रहा है। उसे ऐसा लग रहा है, जैसे चाँदनी उसकी ज़िन्दगी को दूसरों के सामने नंगा कर रही है, उसे पकड़वा दे रही है।

वह गाँव के पास पहुँचा। इतनी देर तक वह जाने क्या-क्या सोचकर ख़ुद को हिम्मत बँधाता रहा है। लेकिन अब वह हिम्मत साथ नहीं दे पा रही है। दिल की धड़कन तेज़ हो गई है। उस क्षण सादुल के प्रति उसे विरक्ति-सी होने लगी।

'अब यह मरेगा ही...जंगल में जब छोड़ा था, तो वहीं रह क्यों नहीं गया? घर लौटा ही क्यों? अब क्या वह घर में रखेगा? काटकर फेंक देगा। थू...यह मर क्यों नहीं जाता!' उसने सोचा।

दूर चाँदनी में झोंपड़ी धुंधली-धुँधली-सी नज़र आई। दूसरी तरफ़ कुछ दूर सड़क की लाइटों की रोशनी में गाँव दिखाई दिया। क़दम आगे बढ़ाने में डर महसूस हुआ, तो इमाम रुका। उसके पीछे सादुल भी रुक गया।

घर पहुँचने के बाद जाने कैसी-कैसी बातें सुननी पड़ेंगी...कैसा-कैसा तमाशा देखना पड़ेगा, कल्पना-मात्र से इमाम के पैर काँपने लगे। घर का मोह, जवान बेटे का मोह, उसकी चेतना को अपनी तरफ़ खींच रहे थे। जब माँ-बेटा अपनी ज़िद नहीं छोड़ रहे हैं, तब वही क्यों इस तरह मान-मनौवल करता फिरे? इमाम सोचता रहा।

फिर उसकी विरक्ति द्वेष में बदल गई। यह वह मन:स्थिति होती है जो किसी सैनिक में तब पैदा होती है, जब लम्बे संघर्ष के बाद यह निश्चित हो जाता है कि मृत्यु तो अवश्यम्भावी है। इमाम सोचने लगा, 'वह दवाई न खिलाकर मैंने गलती तो नहीं की? दवाई खिला देता, तो मेरी आँखों से दूर कहीं जाकर अपनी मौत मरता। अब तो आँखों के सामने ही मरेगा...मैं भी कैसा पागल हूँ कि सोच रहा हूँ कि मेरी बात पर वे लोग यक़ीन कर लेंगे...'

उसने पीछे मुड़कर देखा, तो सादुल चाँदनी में ऐसे दिखाई पड़ा जैसे पीछा करता कोई भूत हो।

"थू...तेरी माँ..." चिढ़कर उसने थूक दिया। सादुल गुर्राया।

पैर घसीटता हुआ इमाम झोंपड़ी की ओर बढ़ा।

छाया की तरह सादुल भी उसके पीछे-पीछे चला।

घर पहुँचकर इमाम ने देखा कि माँ-बेटा दोनों बाहर ही बैठे हैं। इमाम को देखकर भी किसी ने बात नहीं की। उनकी चुप्पी को देखकर इमाम को घबराहट-सी हुई। लेकिन सादुल 'गुर्र-गुर्र' करता और जगह-जगह फ़र्श को सूँघता हुआ घूमता रहा।

बेटा कुछ पूछे, इससे पहले ही उसका ग़ुस्सा उतारने के भाव से इमाम कहने लगा, "अरे चाँद... ? दवाई तो खिलाई थी रे मैंने...एकाध घंटा तो बहका-बहका-सा घूमता रहा, बस! फिर जैसे का तैसा हो गया। उम्र भी तो पक गई है न रे! दवाई ने काम नहीं किया... ।" कुछ क्षण के मौन के बाद उसने फिर कहा, "बेटा...अब तेरी मरजी...तू जो कहेगा, वही करूँगा।"

बीबम्मा ने ज़बान नहीं खोली। चाँद ही बोला, "अम्मी, उसके लिए थोड़ा मक्की का दलिया पका लो! भूखा है। सेर नहीं, दो सेर पका दो। ज़रा ज़्यादा ही पका लो!" उसकी बातों में ग़ुस्सा नहीं था।

बिना कुछ बोले बीबम्मा भीतर चली गई।

इमाम भौंचक रह गया। बेटे के मिज़ाज का अन्दाज़ा वह नहीं लगा पा रहा था। बीबम्मा ने दो सेर मकई का दलिया भिगोकर अदहन चढ़ा दिया।

कल घर में दलिया था ही नहीं। अब कहाँ से आ गया? पहले बेटा आग-बबूला हो रहा था। इसके ग़ुस्से का क्या हुआ? जिस बीवी के बारे में सोचता था कि उसे देखते ही आसमान सिर पर उठा लेगी, वह चुप है...लेकिन क्यों?

इमाम के मन में अनगिनत सवाल थे। वह पूछना चाहता था पर पूछने में डर लग रहा था। चारपाई बिछाकर वह बैठ गया।

'कुछ बात हुई ज़रूर है। लगता है, ज़मीन देने से मना किया है...नहीं दी है, तो अच्छी ही बात है! या फिर थानेदार की बदली हो गई होगी। तब भी अच्छा है! जब था तब कौन सिर-माथे पर बिठा रखा था? या यह मालूम हो गया है कि मेरे पास भालू अभी है... ? तब भी ठीक है...हमारा रोज़गार ही यह है! हमारे दादा-परदादाओं के ज़माने से चला आया हुआ पेसा...जो करना हो, करें।' इमाम सोच रहा था। चूल्हे पर मकई खदबदा रही थी। उसके मन की हालत भी कुछ वैसी ही थी।

"अब्बा, तुम पहले खा लो!" चाँद ने कहा।

यह सुनने तक इमाम को भूख की याद ही नहीं आई थी। बेटे की बातों की सहजता ने भूख को और तेज़ कर दिया तो हाथ-पाँव धोकर वह बाहर ही चटाई पर बैठ गया। बीवी ने थाली में खाना लाकर सामने रख दिया।

"तूने खाया रे?" इमाम ने बेटे से पूछा।

"हाँ।" चाँद ने कहा। कितना भी सोचे, बेटे में आया बदलाव इमाम की समझ में नहीं आ रहा था। कलवाला ही बेटा है यह? यह कलवाली बीवी ही है? वह सोचता रहा।

"तब क्या हुआ रे उसका? ज़मीन देने से मना कर दिया क्या?" खाना खाते हुए इमाम ने धीरे-से ऐसे पूछा, जैसे इस हानि का कारण वही हो।

उसकी बात का कोई जवाब न देकर चाँद ने कहा, "तुम छोड़कर नहीं आए, यही अच्छा हुआ। हम डर रहे थे कि कहीं तुम दवाई खिलाकर छोड़ न आओ!"

"हाँ...एक यह तुमने अच्छा काम किया है...!" बीबम्मा ने भी कहा।

यह सुनते ही इमाम को सारी बात समझ में आ गई। वह अपने उछाह पर क़ाबू नहीं रख सका। बोला, "अच्छा-बुरा जो सोचता है, वही तो समझदार होता है भाई! उन लोगों ने बित्ते भर ज़मीन देने की

बात की, तो तुम लालच में आ गए। यह आसमान के तारों का लालच करने जैसा है! दस-बीस सौ खरच भी हो गए। जो पल्ले था, वह भी ख़तम! इतनी-सी बात के लिए तुम मरना चाहते थे, सादुल को मार डालना चाहते थे!'' इमाम ने व्यथित स्वर में कहा।

''अम्मी, चौड़े बरतन में डाल दो, जल्दी ठंडा हो जाएगा। सादुल को जाने कितनी भूख लगी है...जल्दी...खिलाना है।'' चाँद ने कहा तो बीबम्मा ने ऐसा ही किया।

''हमें उनकी ज़मीन-जायदाद कुछ नहीं चाहिए।'' खाते-खाते इमाम ने कहा, ''क्या इतने दिन गुज़ारा नहीं हुआ...आगे नहीं होगा क्या?''

चाँद हँसा। मुस्कुराते हुए वह बोला, ''अच्छा, वह बात नहीं कह रहा हूँ मैं। मान लो कि जंगल में छोड़ आते तुम...दवाई का असर ख़त्म होने के बाद दस-पाँच दिन में यह फिर घर पहुँच जाता। यानी किस्सा फिर शुरू! यही न! पीछा छुड़ाने के लिए बहुत तकलीफ़ उठानी पड़ती तब। वह तकलीफ़ अभी उठाएँ, तो ठीक रहेगा न, बात यह है!''

इमाम को ज़ोर की खाँसी आई। खाँसते-खाँसते उसने गट-गट पानी पी लिया।

चाँद बताए जा रहा था, ''आज मैं अपनीवाली ज़मीन देख आया अब्बू...बीच में है। कहते हैं कि बैंक से लोन भी मिल जाएगा। एक ट्यूबवेल लगवा लें तो...मजे में दो एकड़ की खेती की जा सकती है। तुम नहीं आते हो न, सो सबको शक हो रहा है। मैं कुछ भी कहूँ, यक़ीन नहीं कर रहे।''

''चाँद बेटे...? ठंडा हो गया है।'' बातों के बीच में ही बीबम्मा बोली।

''अब्बा...पिछले दिनों पागल कुत्तों की मुसीबत से निपटने के लिए सफाईवाले कुत्तों को एक दवाई खिलाते थे न...वह दवाई ले आया

हूँ। खाने की चीज़ में मिलाकर खिला दें, तो...एक घंटे में ख़त्म...! फिर गड्ढे में डालकर मिट्टी भर दें, तो सवेरे तक निशान भी नहीं रहेगा।'' चाँद कहता गया।

मुँह का कौर इमाम को कड़ुवा लगा। खाना हटाकर उसने हाथ धो लिये। उसके दिल की धड़कन तेज़ हो गई। जितनी पीड़ा उसे यह जानकर हुई कि घर में हुई बात को लेकर उसकी कल्पना ग़लत साबित हुई है, उससे कहीं अधिक पीड़ा, 'सादुल के लिए कुत्ते मारने की दवा' की बात सुनकर हुई।

घर के भीतर जाकर चाँद दवाई ले आया। बीबम्मा खाने का तसला ले आई। इमाम को दवाई खाने के बाद छटपटाकर मरे हुए कुत्ते की याद आ गई। एकाएक उसने कहा, ''रे चाँद...ज़रा रुक तो!'' कहते-कहते वह पास आ गया। आकर उसने बेटे के हाथ से दलिया अपने हाथ में ले लिया।

''तुम्हें जुग-जुग जीना है बेटे...! यह पाप अपने ऊपर क्यों लेते हो...मैं ही खिलाता हूँ। मैंने पाला है, सो इसे मारने का पाप भी अपने सिर लेता हूँ।'' इमाम ने कहा।

सुनते ही बीबम्मा बोल पड़ी, ''हाँ, बेटे...रुक...अब्बू को दे दे!'' दवाई की पुड़िया चाँद ने इमाम के हाथ में दे दी।

''सादुल!'' इमाम ने पुकारा।

कोने में दुबककर लेटा सादुल धीरे-धीरे चलता हुआ पास आ गया।

''पहले ही कौर में ज़हर कैसे खिलाऊँ रे...पहले थोड़ा खाने दे...'' कहते हुए इमाम ने मटके से आधे से ज़्यादा दलिया सादुल के तसले में डाल दिया।

सादुल जल्दी-जल्दी गटकने लगा। थोड़ा बचाकर इमाम ने कुछ और उसे दे दिया। सारा चट करके सादुल इमाम के हाथ के मटके की तरफ़ ताकने लगा।

एक हाथ में दवाई और दूसरे हाथ में मटका लिये इमाम ने सादुल और चाँद को बारी-बारी से देखा। उसकी आँखों में आँसू उमड़े। आँसू ज़मीन पर टप-टप गिर रहे थे, तो इमाम ने दलिया में थोड़ी दवाई मिला दी।

जाने कौन-सी आत ऐंठी,...बीबम्मा वहाँ से हट गई। उस धुँधली चाँदनी में भी उसकी आँखों की नमी इमाम से छिपी नहीं रही। चाँद बाप को ही देखे जा रहा था। दवाई मिलाएगा या नहीं, उसे इस बात का सन्देह था।

''चाहे जितना मिलाओ, खा लेगा। कहते हैं कि दवाई का जायका खराब नहीं है। उसे अच्छा लगेगा।'' चाँद ने तसल्ली दी।

खपचा लेकर इमाम ने सारी दवाई को दलिये में ऐसे मिला दिया, जैसे बेटे के आशय को समझ गया हो। चाँद को लगा कि उसका दिल हलका हो गया है। उसके होंठों पर तिरती मुस्कान को इमाम भाँप गया।

''बेटा चाँ...'' इमाम ने पुकारा।

''हाँ अब्बा...!''

''जितनी जल्दी तू इसे भूल सकता है न, उतनी जल्दी तो हम नहीं भूल सकते न भाई! लेकिन इसका यह मतलब नहीं कि यह हमारे लिए तुमसे ज़्यादा प्यारा है। जो हो, बेजुबान जानवर है। बीस साल से अपनी मेहनत से हमारे खाने-कपड़े का जुगाड़ करता आया है...हमारा सहारा रहा है...बीमारी-ईमारी से मर जाता, तो चार दिन रो लेते। ऐसा दरद नहीं होता। अपने ही हाथों यह...''

इमाम की बात पूरी नहीं हुई थी कि चाँद फनफनाता हुआ बोला, ''आख़िर तुम कहना क्या चाहते हो? तुम खिलाओगे या मैं खिलाऊँ... ?''

''आँखों के सामने यह छटपटाकर मर जाए, तो मैं देख नहीं सकूँगा...दवा खिलाकर गाँव से दूर सोते के पास छोड़ आऊँगा।'' इमाम ने कहा।

''चाँद बेटे...जाने दे...'' बीबम्मा ने दबी ज़ुबान से ऐसे कहा जैसे वह दृश्य उसके लिए भी असह्य हो।

''झटपट आ जाना!'' चाँद ने कहा।

''देर क्यों होगी...आधे घंटे में लौट नहीं आऊँगा ?'' आँखें पोंछते हुए इमाम ने कहा और भालू की रस्सी हाथ में थामकर वहाँ से निकल गया। उसके दूसरे हाथ में दवाई मिला दलिया था।

इमाम को निकल पड़ते देखकर हमेशा की तरह सादुल भी उसके पीछे-पीछे चल पड़ा।

बात आधे घंटे की थी। लेकिन एक घंटा बीत गया। दो घंटे बीत गए। सवेरा भी हो गया। फिर दिन भी ढल गया। लेकिन इमाम लौटकर नहीं आया।

पुनश्च:

बचपन से ही रामायण और महाभारत की कहानियों के साथ बड़े होने वाले भारतीयों के लिए भालू सुपरिचित ही नहीं सम्मान्य भी है। यह शक्ति का प्रतीक माना जाता है और भारतीय संस्कृति का एक अंग भी। लंका विजय में जाम्बवान राम के सेनानायकों में से था और कृष्णावतार के समय तक वह जीवित ही नहीं रहा था, बल्कि उसने अपनी पुत्री जाम्बवती का विवाह कृष्ण के साथ कराया था और प्रतिदिन सोना देने की और संकटों से रक्षा करने की शक्ति रखनेवाली स्यमंतक मणि भी कृष्ण को भेंटस्वरूप दी थी। इन पौराणिक प्रसंगों को छोड़ भी दें, तो अभी कुछ समय पहले तक सड़क पर या मेलों में भालू का नाच देखना हमारे लिए आम बात थी।

भालू सारे संसार में फैला हुआ जीव है और बड़ा ही दीर्घजीवी माना जाता है। असल में इसकी आयु क्या होती है, यह निश्चित नहीं कहा जा सकता। बन्दी अवस्था में कुछ भालुओं को तीस वर्ष तक जीवित रहते देखा गया है। शीत-समाधि (हाइबरनेशन) लेने की भी क्षमता रखनेवाला यह जीव यदि दीर्घजीवी हो तो अचरज की बात नहीं। इसीलिए शायद जाम्बवान को रामावतार से लेकर कृष्णावतार तक जीवित बताया गया हो।

भारत में भालू हिमालय की तराई से लेकर कन्याकुमारी तक और पूर्व में असम के जंगलों तक में पाए जाते हैं। लेकिन ऊँचे ठंडे पहाड़ों पर ये नहीं होते।

भालू मुख्यत: शाकाहारी होता है और ज्यादातर कंद-मूल-फल, पीपल, जामुन, बेर तथा महुए के फूल, घास की जड़ें, जंगली फल और साग-सब्जी ही खाता है। फिर भी इसे चींटियाँ और दीमक बहुत पसन्द हैं। यह मुँह से फूँक मारने और हवा खींचने में प्रवीण होता है। चींटियों या दीमकों की बांबी मिल जाने पर यह उसे अपने पंजों से खुरच-खुरचकर तोड़ डालता है। उसके बाद एक ज़ोरदार फूँक मारकर मिट्टी को उड़ा देता है। फिर तेज़ आवाज़ के साथ साँस खींचकर चींटियों और दीमकों को बड़े प्रेम से खीर की तरह सुड़क लेता है। इसी तरह वह साँस खींचकर कीट-पतंगों को भी खा लेता है। लेकिन भालू को जो चीज़ सबसे अधिक प्रिय है, वह है शहद। यदि इसे किसी पेड़ पर मधुमक्खियों के छत्ते की भनक मिल जाए तो—चूँकि इसकी घ्राणशक्ति बहुत तीव्र होती है, शहद की महक इसे दूर से ही लग जाती है—यह रात होते ही वहाँ पहुँच जाता है और पेड़ पर चढ़ने में माहिर होने के कारण ऊपर चढ़कर पंजे की ज़ोरदार मार से छत्ते को नीचे गिरा देता है। फिर नीचे उतरकर शहद खाने में जुट जाता है। जंगल में घूमने वालों ने यह दृश्य अक्सर देखा है। इसे ताड़ी पीने का भी शौक है। ताड़ या खजूर के पेड़ पर चढ़कर वहाँ बँधी मटकी में मुँह डालकर यह ताड़ी चट कर जाता है। सुबह के वक़्त भालू को ताड़ी के नशे में चूर डगमगाते क़दमों से चलते अक्सर देखा गया है। लेकिन दृष्टि कमज़ोर होने से यह दूर तक नहीं देख सकता। यह आग से भी बहुत डरता है।

भालू मुख्य रूप से रात में सक्रिय रहने वाला जन्तु है। भोजन की तलाश में यह रात को ही बाहर निकलता है। हर रोज़ जब सूरज पश्चिमी क्षितिज से पृथ्वी पर अपनी अरुण कान्ति बिखेरने लगता है, तब यह अपनी आरामदेह गुफाओं और अन्य बसेरों से बाहर निकल

आता है और फिर दिन चढ़ने के पहले ही अपने आवास में आकर छिप जाता है।

मादा भालू एक बार में दो बच्चे देती है। दो-तीन वर्ष की उम्र होने तक बच्चे माँ के साथ ही रहते हैं। शुरू के दिनों में माँ उन्हें अपनी पीठ पर लिये घूमती है—बन्दरिया की तरह। नर भालू उनसे अलग होकर अकेला जीवन गुज़ारता है।

यह गुफाओं, बड़े पेड़ों के कोटरों और पानी के बहाव से कटी दरारों में बड़ी आसानी से रह लेता है। चट्टानों के नीचे फलदार वृक्षों और झाड़ियों से ढके प्रदेश इसे प्रिय हैं। इनमें भी महुआ और गूलर के पेड़ों के आसपास यह अपना निवास बना लेता है। जंगल में यह अकारण और अचानक आक्रमण करनेवाला जीव माना जाता है और शाकाहारी होने पर भी कभी-कभी गाँवों में इसे भेड़ों और बकरियों को मारते लोगों ने देखा-सुना है। इसकी पकड़ में आया हुआ आदमी आसानी से बच नहीं पाता। फिर भी लोग इसे जंगल से पकड़कर लाते रहे हैं और प्रशिक्षित करके अपने जीविकोपार्जन के लिए भाँति-भाँति के करतब दिखाने के लिए बाध्य करते रहे हैं।

दुर्भाग्यवश पिछले कुछ वर्षों में मनुष्य-जन्तु के टकराव ने भी भालू को संकट की स्थिति में डाल दिया है। आहार की तलाश में भालू दूर-दूर तक घूमते हैं और ग्रामीण लोग भी चूँकि औषधीय पौधों, जलावन आदि वन-उत्पादों की तलाश में जंगलों में जाते हैं, टकराव की यह स्थिति और बढ़ गई है। ग्रामीण लोग कई बार जंगल-चोरी भी करते हैं। स्पष्ट है कि जंगल में मनुष्य के घुस आने से अन्य वन्य जीवों की तरह भालुओं को भी हानि सहनी पड़ी है।

शिकारियों की गोली का निशाना भी यह होता रहा है।

भालू का उसके चर्म, पित्ताशय और दाँत तथा नाखूनों जैसे शरीर के अंगों के लिए भी शिकार किया जाता रहा है। इसकी खाल शिकारियों के घरों की शोभा बढ़ाती रही है। माना जाता है कि भालू के पित्ताशय में औषधीय गुण होते हैं। एक समय था जब भारत में भालुओं की बहुतायत थी पर अब ऐसे अनेक कारणों से इनकी संख्या बहुत कम हो गई है। 1972 में 'वन्य प्राणी संरक्षण क़ानून' लागू होने के बावजूद भालुओं का अवैध शिकार हो ही रहा है।

बन्दर-भालू नचाने वाले कलन्दर भालू के बच्चों के साथ काफ़ी निर्दयता से पेश आते हैं। बच्चा जनने के बाद मादा भालू भोजन की तलाश में जब गुफा से बाहर निकल जाती है, तब वे लोग एक महीने से भी छोटे बच्चों को गुफा में से बड़ी सावधानी से कम्बल में लपेटकर उठा लाते हैं। फिर उनको पालतू बनाने का उपक्रम शुरू हो जाता है। उनके कुछ अंगों को कुन्द कर देते हैं, हथौड़े से उनके दाँत तोड़ देते हैं, नाखून काट देते हैं और जादू-टोना के लिए उनके बाल भी नोचकर बेचते हैं। उनके कोमल थूथन को गरम और नुकीले लोहे की छड़ से बींध दिया जाता है। बैल की नाक में नकेल डालने के तरीक़े से ही उसकी थूथन में लोहे या किसी अन्य धातु की रिंग डाल दी जाती है। रिंग में रस्सी बाँधकर भालू के बच्चे को नियंत्रित करके धीरे-धीरे पालतू बनाते हुए उसे मदारी के आदेश के अनुसार तरह-तरह के खेल दिखाना सिखाया जाता है। । भालू के ख़तरनाक स्वभाव को देखते हुए मदारी उसके मुँह को चमड़े के पट्टे से बाँधकर रखते हैं।

मदारियों द्वारा भालुओं के साथ होने वाले इन अत्याचारों की ओर दुनिया के कई प्राणी-प्रेमी संगठनों का ध्यान गया तो इनकी मुक्ति और इनके संरक्षण-संवर्धन के लिए देश-विदेश में कई योजनाएँ बनाई गईं और 'वन्य प्राणी संरक्षण क़ानून' के द्वारा इनकी सुरक्षा के प्रबन्ध होने लगे। मदारियों की वैकल्पिक जीविका का प्रबन्ध करके भालुओं को गुलामी की ज़ंजीर से मुक्त कराने का अभियान शुरू हो गया। ऐसे

भालुओं के लिए उत्तर प्रदेश (आगरा) में, कर्नाटक में और गुजरात में अभयारण्यों की स्थापना की गई है। वहाँ सर्कसों तथा मदारियों से मुक्त कराए गए भालू रखे गए हैं। वहाँ लाये जाने के बाद भालुओं के घावों का हर तरह से उपचार किया जाता है। चूँकि इनको छुड़ा लिये जाने तक ये अपनी नैसर्गिक प्रवृत्तियाँ खो चुके होते हैं, इनको जंगल में छोड़ा नहीं जा सकता। छोड़ भी दें, तो चूँकि इनकी स्मरणशक्ति और कबूतरों जैसी अपने घर की पहचान करके वापस आने की शक्ति तीव्र होती है, ये फिर मदारी के घर वापस चले जाएँगे। नाना यातनाएँ भोगकर ये इतने दबाव में आ चुके होते हैं कि इनको छुड़ा लेने के बाद इनको तीन महीने तक एकान्त में ही रखा जाता है। एक सूत्र के अनुसार अब तक 550 भालुओं को संरक्षण में लिया जा चुका है। नवम्बर 2012 में भारत सरकार ने नई दिल्ली में भालुओं के संरक्षण, शोध और प्रबन्धन को लेकर एक अन्तर्राष्ट्रीय सम्मेलन का आयोजन किया था और इसमें देश-विदेश के अनेक जन्तु रक्षा विशेषज्ञों ने भाग लिया था। विश्व-भर में भालुओं को लेकर हो रही इस सक्रियता को देखते हुए लगता है कि अब वह दिन दूर नहीं जब भालू का नाच अतीत की वस्तु हो जाएगा।

घुमन्तू कलन्दरों द्वारा भालू नचाना अवैध घोषित होने के बाद इन अभयारण्यों में उन्हें भालुओं के संरक्षकों के रूप में काम दिया जा रहा है। आगरे के अभयारण्य में लगभग 250 भालू हैं। अपने भालू को इन अभयारण्यों के सुपुर्द करके ये लोग यहाँ नौकरी कर रहे हैं। भालुओं के खान-पान, आदतें आदि को भलीभाँति जानने के कारण ये लोग इस नौकरी के लिए उपयुक्त माने जाते हैं। इन अभयारण्यों के कर्मचारियों में चालीस प्रतिशत से अधिक कलन्दर समुदाय के ही लोग हैं। अनेक कलन्दर बालक भेदियों के रूप में काम करते हुए जंगल-चोरी या तस्करी पर निगाह रखने में सहायता कर रहे हैं।

क़ानून से भागने और जगह-जगह घूमने की अब ज़रूरत न होने और स्थिर जीवन मिलने से मदारी लोग भी प्रसन्न हैं। नए जीवन की

आर्थिक और सामाजिक स्थिरता के अलावा इन जन्तुओं की पीड़ा और यातना का अनुभव भी इन लोगों को यहाँ भालुओं के संरक्षण से सम्बद्ध काम करने के लिए अभिप्रेरित करता है। यह सब कलन्दर समुदाय के पुनर्वास की व्यवस्था करने और भालुओं के साथ हो रही क्रूरता को समाप्त करने की दिशा में महत्त्वपूर्ण क़दम है।

भालुओं के साथ इन कलन्दरों द्वारा होती रही क्रूरता की निन्दा करना आसान है। पर ये लोग ग़रीब और अशिक्षित होते हैं और जीविका का और कोई साधन इनको उपलब्ध नहीं होता। इसीलिए सरकार ने इनके पुनर्वास की व्यवस्था की है। इस पुनर्वास योजना के तहत भालू की सुपुर्दगी पर भालू के मालिक को उचित मुआवज़ा भी दिया जाता है।

OOO